U1013096

科学健身指导丛书

功能性健身方法——激活你的身体

国家体育总局 编

人民体育出版社

图书在版编目(CIP)数据

功能性健身方法——激活你的身体 / 国家体育总局编 .
-北京：人民体育出版社，2013（2017.9.重印）
（科学健身指导丛书）
ISBN 978-7-5009-4407-2

Ⅰ.①运… Ⅱ.①国… Ⅲ.①健身运动 Ⅳ.①G883-62

中国版本图书馆 CIP 数据核字（2013）第 001575 号

*
人民体育出版社出版发行
北京中科印刷有限公司印刷
新 华 书 店 经 销
*
787×960 16 开本 12 印张 195 千字
2013 年 2 月第 1 版 2017 年 9 月第 5 次印刷
印数：13,001—15,000 册
*
ISBN 978-7-5009-4407-2
定价：49.00 元

社址：北京市东城区体育馆路 8 号（天坛公园东门）
电话：67151482（发行部） 邮编：100061
传真：67151483 邮购：67118491
网址：www.sportspublish.cn
（购买本社图书，如遇有缺损页可与邮购部联系）

序

1995年6月20日，国务院颁布《全民健身计划纲要》，自此，我国的群众体育事业驶入了健康、快速的发展轨道，亲民、便民、利民的全民健身服务体系造福千家万户，广大人民群众以极大的热情投身全民健身行列，汇聚成汹涌澎湃的健身世纪潮。《纲要》实施十五年来，我国城乡居民的健身意识普遍增强，群众性体育健身活动广泛开展，国民体质状况逐步改善，具有中国特色的全民健身体系基本建成。特别是北京奥运会后，胡锦涛总书记提出了进一步推动我国由体育大国向体育强国迈进的宏伟目标，2009年国务院批准设立“全民健身日”并颁布施行《全民健身条例》，为进一步推进全民健身事业取得跨越式发展、努力建设体育强国奠定了基础。

为统筹规划新时期全民健身事业的发展蓝图，今年2月，国务院印发了《全民健身计划（2011—2015年）》，就“十二五”时期加快发展全民健身事业，使广大人民群众充分享受体育健身带来的快乐，强健身心，提升幸福指数，促进人的全面发展，丰富群众的精神文化生活提出了一系列的方针政策和措施。新周期的《全民健身计划》明确将“深入开展全民健身宣传教育”作为重要工作措施之一，提出要通过“播发公益广告、宣传片、宣传画，出版科普图书、音像制品，普及知识，提高公民科学健身素养”。为落实这一措施，在有关部门的共同努力下，这套凝聚众多专家学者心血、旨在推动大众科学健身的《科学健身指导丛书》于今天面世了。

实施全民健身计划，增强全民身体素质，是一项利国利民、功在当代、利在千秋的宏伟事业，工作千头万绪，手段多种多样，但归其根本，我们在倡导全民健身的过程中要牢牢把握两条原则：生命在于运动，运动要讲科学。

我们这里所指的运动，是人民群众日常生活中以增进身心健康为目的、以身体活动为主要手段的体育健身活动，也就是俗称的体育锻炼。从人体本身来讲，只有不断的运动，才能保持生命的活力，更好地创造物质和精神财富，推动人类社会不断向前发展。自古以来，人们就不断研究和探索体育锻炼对人自身发展的作用和意义，在奥林匹克运动的故乡希腊,奥林匹亚阿尔菲斯河岸的岩壁上至今还保留着古希腊人的一段格言：如果你想聪明，跑步吧！如果你想强壮，跑步吧！如果你想健康，跑步吧！中国早在黄帝时期，即以“角觝、击剑、射御、蹴鞠、捶丸等体育活动来训练青年，而唐尧、虞舜、夏、商、周亦以拳术、投壶、剑术、弓矢、击壤等体育活动来强健国人体魄。可以说，从古至今，人类社会关于体育锻炼对人的身体、精神乃至对整个社会所产生积极作用的论述是汗牛充栋，现代社会更是将体育锻炼的综合价值和多元功能发挥得淋漓尽致。因此，我们在推广全民健身计划过程中，首先要号召广大人民群众积极参与健身、享受健身乐趣，体会生命在于运动的真正意义之所在。

在强调运动对于强健人类体魄具有重要作用的同时，我们还必须注重科学运动的重要性。各人的性别、年龄、身体条件不同，健身项目、时间、运动量等也要因人而异，如果不尊重科学、不因人因地制宜，则健身效果不但不好，甚至会给身体带来伤害。随着现代科学技术特别是生理学、生物力学、营养学、医学、社会学等的发展，人们对体育锻炼的机理、功能和价值有了更清晰、更科学的认识，把这些认识用浅显易懂的语言表达出来，用于指导群众的体育健身活动是全民健身计划实施过程中的一项重要工作。本套丛书以全国群众体育现状调查、国民体质监测和国民健身指导系统等体育科研成果为基础，从健身机能评价出发，传授运动健身知识，使读者能够自主制订健身计划、身体力行，主动参与运动，进而达到增强体质和健康水平的目的，使运动健身成为生活中不可或缺的一部分。

丛书采取图文并茂、通俗易懂的形式进行编写，以满足群众增加科学健身知识，提高科学健身理念的需求，具有较强的科普性、实用性和通俗性，重在指导，便于操作，适用于不同人群在运动健身中作为参考。希望本套丛书的出版能为广大体育健身爱好者提供切实可行的健身指导，吸引更多的群众加入到全民健身的行列，为增强全民族身体素质做出应有的贡献。

2011年8月8日

《科学健身指导丛书》编委会

领导小组

组　长：冯建中

副组长：晓　敏

成　员：盛志国、田野、涂晓东、刘国永、李维波

编委会

主　任：田　野

副主任：江崇民　王　梅

编　委：（按姓氏笔画排列）

马　云　王正珍　王　梅　田　野　史　勇

江崇民　邱　汝　陈佩杰　周琴璐　孟亚峥

黄光民　谢敏豪　蔡　睿

《功能性健身方法——激活你的身体》编写人员名单

主　编

谭京京　北京市体育科学研究所

闫　琪　北京市体育科学研究所

编　委

任满迎　北京市体育科学研究所

崔永霞　河北工程大学

师玉涛　北京市体育科学研究所

黄　岩　北京市体育科学研究所

孙　科　北京市体育科学研究所

前 言

这本书将带你一起进入功能性健身方法的奇妙世界！

功能性健身方法是目前世界健身领域的研究热点，在大众健身领域应用越来越广泛，逐渐在改善普通人日常生活质量方面发挥着越来越重要的作用。这种健身方法给传统的健身方法带来了深刻的变革，有专家认为，功能性健身方法的流行已经影响到了整个健身行业。功能性健身方法其实是竞技体育中功能性训练在普通人健身领域的应用，这种新颖的健身方法在我国已得到越来越多学者的重视。美国的功能性训练大师JC Santana在他的书中写到：“功能性训练（Functional training，简称FT）是以与身体的功能和针对目标运动的专项性相一致的方式进行的练习方法。功能性训练的发展，已经对健身和竞技体育领域产生了巨大影响。”

功能性训练起源于理疗和康复领域，理疗师在患者进行完手术后，通过设计一些模仿患者在家中或工作中的练习，来对患者进行训练以促进其尽快回到正常生活和工作岗位中去。专家指出，功能性训练应注重身体运动链的作用，避免单一的训练某一环节的力量，要将人的身体运动看作是一个运动链，如网球中的挥拍动作。在功能性训练前首先要通过对人体的不同动作进行分析，寻找其薄弱环节并进行强化，使人体的运动链更加顺畅，从而进行有针对性的力量训练。

功能性健身方法其实与传统力量健身方法没有任何矛盾，而是相互补充、相互统一的关系。对于健身人群来说，传统力量训练改善了人体的结构与局部功能，而功能性健身方法则改善了目标功能和整体功能，两者相互补充，共同提高健身者的日常生活质量。它安全、高效、适用面广，方法具有多样性和趣味性，场地和器械都非常简单，这些优势让功能性训练在欧美和日本等国家迅速发展，成为众多健身人群的最爱。

功能性健身方法几乎适用于所有人群，通过模仿日常生活、工作、运动中的一些动作来进行练习，可以使人体肌肉更加协调地工作，这是一种可以使人体完成日常生活和体育运动更加有效的锻炼方法。它的焦点是使身体能够在真实的情境中进行符合日常生活活动方式的练习，注重于改善人们在每天的生活当中身体本应该做的动作，让人们更安全、有效的进行各项身体活动。功能性健身方法可以缓解疼痛，让做家务变得更轻松，让你在运动中更有优势、可以优化你的身体结构、让你的身体时刻做好准备。

功能性健身方法最近几年开始引入我国，已经逐渐引起竞技体育和健身行业专家的重视，有些运动科学研究机构已经建立了专业的实验室，开始着手研究针对于普通大众的功能性健身方法，有针对性地解决日常生活中常见的一些问题。我们相信，随着功能性健身方法的发展，这种新颖、高效的健身方法一定会被越来越多的人群所接受!

本书浅显易懂，与日常生活贴近，方法简单易学，以图文并茂的形式向读者展示了功能性健身方法是如何应用于日常锻炼中的。第一章向大家介绍了功能性健身方法的理念与特点；第二章介绍了避免身体过度僵硬的16种练习方法；第三章介绍了12种挺拔身姿的练习方法；第四章到第七章，针对人体容易出现慢性劳损的薄弱环节，分别介绍了预防和缓解颈部、背部、肩关节、膝关节酸痛及功能障碍的练习方法；第八章向大家推荐在解决一些限制性功能障碍后，使身体获得力量的锻炼方法；第九章在前期锻炼的基础上，开始进行全身性的功能性健身方法，提高身体的运动效率；第十章介绍了功能性健身方法计划制定的原则，并向大家推荐一些练习计划模板，使普通人不需要专家指导也能进行功能性健身。

本书介绍的内容可以应用于日常活动和健身活动中，用于改善身体活动的能力，避免不当姿势和运动造成的关节和肌肉损伤，适用于各类人群。部分内容可应用于解决久坐人群颈、肩、腰、背问题。第十章中的内容更加适合经常锻炼、需要提高身体运动效能的人群。

本书主要由北京市体育科学研究所的专业研究人员共同编

著而成，群众体育研究室谭京京主任、闫琪博士担任主编负责统稿。参加本书编写的人员有：前言、第一章，闫琪；第二章、第三章、第十章，谭京京；第四章、第五章，河北工程大学的崔永霞；第六章，师玉涛；第七章，黄岩；第八章、第九章，任满迎。在此感谢国家体育总局体育科学研究所的江崇民、王梅等老师的悉心指导，此外特别鸣谢"茉莉人"摄影工作室、模特霏菲，以及为我们提供专业器材支持的北京言鼎商贸有限公司。

本书编著仓促，水平有限，难免有不妥之处，敬请指正，以便再版修正。

谭京京

2012年7月

目 录

第一章

让身体充满活力的锻炼方法

导 语

本章将带你一起去了解奇妙的人体运动方式，让你知道你是如何同时支配600多块骨骼肌去完成一个精细动作的；功能性健身方法是一种全新的锻炼方式，不同于传统的力量训练，为了提高日常生活活动的效率，它有足够多的优势让你喜欢，不论你属于哪类人群，你都可以从中获益，从而激活你的身体，让身体的活动更加有效，一切就此变得轻松起来。

第一节　你了解人体的运动方式吗

你可能从来没有想过我们的人体是多么的奇妙，这简直就是大自然的奇迹。你无时无刻不在进行的活动，都是由我们的大脑在指挥着身上600多块骨骼肌收缩和舒张来完成的。你一定会惊讶，这么多“零件”是怎样同时工作的呢?

你可以把自己想象成一位600多人大公司的CEO，可以随时调配600多名员工进行工作，这600多个员工就是你身上的肌肉，你每天的活动从来都离不开这600多块肌肉的协调运动，试着想象如果当你的一条腿突然受伤了，也就是你统筹的一个“部门”出现了严重问题，是不是会感觉到很多的身体活动都会受到限制?

现在请你尝试一下，只用一条腿支撑来完成一个从地上抱起一个盒子把它放到柜子上。

很困难吧?也许你从来没有想过这么一个简单的动作还需要全身的肌肉都来协调工作，即使全部动用其他剩余的几百块骨骼肌也很难流畅的完成这个动作。现在把你“受伤的脚”放在地上，再次去完成这个简单的动作，是不是非常轻松?

现在你可能对人体的整体性有了一点点感性的认识了，这正是我们给你推荐的这种功能性健身方法最基本的观点——人体是一个整体，要进行符合日常生活需要的整体锻炼，而不要局限于局部肌肉的锻炼。

想想几百万年前我们的祖先在干些什么?为了采集果实他们不得不从

一棵树爬到另一棵树，为了狩猎他们不得不快速追逐狂奔的猎物，为了防御他们不得不将削尖的树枝全力刺向一只冲过来的野兽，看看这些基本的人体活动爬、走、跑、跳、投、踢、旋转，哪一个不是要求全身的协调运动？如果身体的一部分功能受到限制，整个工作能力都会受到很大的影响。

图1–1 猿人捕猎场景

几百万年的进化，一直使人体朝着更加适应运动的方向发展，然而，最近两百年来却在发生一些重大改变，随着机械与智能化工具的发展，人体的很多活动方式逐渐被工具所取代，人体不需要再通过自身努力的活动获得生存的基本保障，人们参与活动的时间越来越短，而坐着的时间越来越长，人类似乎正在由站姿向坐姿进化，就像几百万年前我们的祖先由四肢着地逐渐进化为直立行走一样。

现在人们好像越来越缺少充分发挥人体功能优势的机会，而是越来越多地出现运动功能受到限制的情况。久坐不动，似乎是现今社会绝大多数人群的写照，看书、学习、写作、操作电脑、开车、乘车、会议，这些工作只需要坐下即可完成，不再需要很高的身体活动能力，因此，人类整体的运动能力在衰退，出现了很多以前我们祖先从来没有发生过的身体功能障碍。这些情况的出现都是现代发达的科技社会给我们带来的负面影响，当你很少运动时，或者尽可能避免运动身体的特定部位时，就产生了功能障碍。不要抱怨科技和社会的发展使我们的身体活动功能退化了，只是你应该更多时间离开椅子，站起来去活动，或进入“功能性健身方法”的世界。

想一想，你最近一次痛快的全身运动是什么时候？不会让你回忆到大学时光吧。那的确太久远了！远离运动的你有没有感觉自己的身体已经不再挺拔？沉迷于电脑的你是不是感觉自己的动作变得越来越像“植物”大战的“僵尸”？在你晃动头部时有没有听到颈椎“咔咔”作响？你搬动行李箱时下背部是不是有疼痛感？你上下楼梯时膝关节是不是越来越感觉发涩？

如果这样，那你真的需要和我们一起进入“功能性健身方法”的世界了，通过功能性健身方法，你将逐步恢复之前丧失的功能，消除由于生活方式带来的身体僵硬、背部酸痛、颈部疼痛以及膝关节疼痛这些问题，你将能够重新开始自由的运动，重新开始享受生活的乐趣。

第二节　看看你平时都在做些什么

你平时都在做些什么呢？对学生和办公室人士来说，更多的时间是坐在桌子旁，使用电脑、读书、写字，当然在上班或回家的路上，你还要在车门关闭前挤进已经没有空间的地铁里；对体力劳动者来说，你更多的是长时间在使用一组肌肉进行周而复始的单一动作；对老年人来说，更多的是将买来的新鲜食物提到五楼家门口，或者在努力想抓住满处乱跑的小孙子；对于一些狂热的运动爱好者来说，更多的是在网球场或者高尔夫球场挥动器械准备击败对手。

这些活动方式是不是很复杂？其实人们在生活中最常做的那些复杂动作，都是以最简单的运动组合而成，人体总是尽量以最有效的方式去完成必需的行为动作，几乎所有的动作都是多关节、多肌肉群参与的复合式动作，动作结构也是以完整“运动链[1]”的形式表现出来，给你看看我们生活中最常见的几个例子。

首先请你坐在桌前拿起一杯水并且喝上一口，这个动作你不假思索就可以完成，简单得不能再简单了，你有没有想过你同时调配了多少肌肉在完成这项工作？首先你动用了屈臂的肌肉肱二头肌、肱桡肌和肱肌，它们

[1]运动链：人体若干环节借助关节使之按一定顺序衔接起来，称为运动链（Kinetic Chain）。

的收缩使你将水送到嘴边，但是如果没有上臂后部的肱三头肌进行对抗式用力，你一定会将整杯水泼到自己的脸上，因为正是它们帮助你控制力量，恰到好处地完成了这个简单动作；同时也别忘了还有许多肩部、颈部和躯干的肌肉在进行稳定性工作，没有它们，你一样很难将水准确地送到嘴里。

如果你是家里厨房的主人，你在家里可能最经常做的动作是弯腰将身体侧面地上刚买回来的食物放到冰箱里，这需要下肢弯曲、躯干前倾同时旋转、上肢向下拿住物体，然后下肢蹬伸、躯干抬起同时旋转、上肢上举直到将食物放到冰箱里合适的位置，这很明显是一个全身肌肉协调用力的动作，如果身体没有按照运动链的规律去完成动作，下肢没有弯曲和蹬伸，而只是依靠弯腰去完成动作，那么下腰部的压力会成倍增加，很容易发生急性腰部扭伤。

图1–2是日常生活中常见的不合理搬动重物和合理搬动重物动作的对比，不合理的搬动重物动作是直接弯腰利用下背部的力量去搬起重物，合理的搬动重物动作则是屈膝下蹲更多利用腿部的力量将重物搬起。看看实验室里用肌电测量设备测试出来的数据吧，图1–3是不合理搬动重物动作与合理搬动重物动作时腰部用力肌肉的肌电图，图1–4是不合理搬动重物动作与合理搬动重物动作时大腿前面（股四头肌）的肌电图，很明显，不合理的动作使腰部肌肉发电量远远大于合理的动作，说明不合理动作时人体的下背部承担了更多的压力，合理的搬动重物动作使人体更合理的使用运动链的原则去搬动重物，从而由腿部肌肉去承担重量，减轻腰部的负担，所以说合理有效的日常生活动作会减轻我们薄弱环节的压力，可以防止损伤。

常见的不合理动作

合理动作

图1–2 不合理与合理的搬动重物动作对比

常见的不合理动作　　　　合理动作

图1–3　不合理与合理搬动重物动作时腰部用力肌肉的肌电图

常见的不合理动作　　　　合理动作

图1–4　不合理与合理搬动重物动作时股外侧肌（大腿的肌肉）下部的肌电图

再看看下面一组测试结果，你会明白为什么现在越来越多的人颈椎出现问题，图1–5是我们常见的不合理的坐姿与合理坐姿的对比，图1–6则是不合理坐姿与合理的坐姿时竖脊肌上部的肌电测试对比，不合理的坐姿竖脊肌上部放电量是合理坐姿的两倍，说明不合理坐姿在颈部产生的压力竟然是合理坐姿的两倍，难怪你的颈椎会向你发出“疼痛”的严重警告。

常见的不合理动作　　　　合理动作

图1–5　不合理与合理的坐姿对比

图1–6　不合理与合理的坐姿颈部肌肉的肌电图

正是目前的社会与科技发展，使我们不得不长时间地坐着进行工作。但是如果我们不希望我们的身体发生退化，那么首先端正你的姿态，让压力分配在更合理的位置上，让我们的薄弱环节轻松一下；还有在生活中要更多利用人体奇妙的“链式”结构去完成动作，不要总是使用局部肌肉去完成动作，如果你已经忘记怎样使身体更有效的工作，没有关系，功能性健身方法会让你重新找回感觉！

第三节　什么是功能性健身方法

功能性健身方法是为了使肌肉协同工作，并通过模仿日常生活、工作、运动中的一些动作来进行练习，是一种可以使人体完成日常生活和体育运动更加有效的锻炼方法。功能性健身方法是一种全方位的运动，一项功能性健身方法可能会同时使用人体的多个环节，不仅同时锻炼到人体多块肌肉，同时也可以锻炼到神经肌肉之间的传导通路，增强身体的平衡性和稳定性，使日常活动更加自如，并有效减少受伤的几率，提高生活质量。

功能性健身方法的目的在于练习动作，而不是单独的肌肉；它不是为了发展健美的肌肉，而是为了更好地满足日常生活中的各种复杂活动；功能性健身方法强调完成动作的质量，而不是动作的数量。

功能性健身方法的焦点是使身体能够在真实的情境中进行符合日常生

活活动方式的练习，而不是仅仅能够将固定的重量举到练习机械设定的某个位置，功能性健身方法就是注重于改善人们每天的生活当中，身体本应该做的动作，让人们更安全、有效的进行各项身体活动。

第四节　功能性健身方法有哪些显著特点

与传统力量练习相比功能性健身方法有五个最显著的特点，即练习方法与目标运动方式的一致性、强调动作的整体性、强调核心部位[1]的作用、强调本体感觉[2]与神经控制能力、多平面运动形式，这五点正是功能性健身方法的精髓所在。

一、与目标运动方式的一致性

功能性健身方法的目的不是单纯为了发展肌肉，而是更好地满足日常生活所需的能力。传统力量练习通过对单块肌肉或某一肌群进行疲劳刺激来增加肌肉重量和力量，但这常常也会导致人体灵活度的下降。我们经常看到一些肌肉发达的健美运动员走起路来非常僵硬，缺乏弹性和灵活度，虽然外观发达，但却削弱了人体本身的部分功能，对人体某些基本运动方式造成阻碍；而功能性健身方法更多地考虑如何达到特定的运动目标，提高人体整体的运动能力。

二、强调动作的整体性

功能性健身方法强调全身动作的一体化和控制下的动态平衡性。在我们日常生活中没有一个动作是单独由一块肌肉发力完成的；人体作为一个完整的运动链，通过运动相关的肌群协同作用共同完成减速、加速和维持稳定的动作。通过功能性健身方法可以使人体的动作更加整体化，增加人体活动力，从而降低运动损伤的风险。

[1]身体核心部位：指的是位于腹部前后环绕着身躯，负责保护脊椎稳定的重要肌肉群。

[2]本体感觉：是指肌、腱、关节等运动器官本身在不同状态（运动或静止）时产生的感觉（例如，人在闭眼时能感知身体各部的位置）。

三、强调身体核心部位的作用

功能性健身方法更加强调人体躯干核心部位的控制、平衡和稳定，首先提高身体躯干的平衡稳定性，再发展身体四肢的力量。人体核心部位的平衡控制和本体感受是功能性健身方法的重要内容，身体核心的平衡稳定性必须优先于身体四肢力量的发展。在人体运动过程中核心区域既是发力的源点，又发挥着承上启下的力量传导作用，该环节的稳定与否，不但影响四肢动作用力的支点是否牢固，还控制着动作表现和身体姿态的稳定性。核心区力量可以改善关节的稳定性，提高肌肉的发力，提高不同肌肉之间的协作，以及动员全身不同环节的力量有序地参与运动，加大总体能量的输出。

四、强调本体感觉与神经控制能力

功能性健身方法的重要观点之一在于，练习本体感觉和提高神经系统对肌肉的控制能力，从而提高练习者目标动作的协调性，这是提高日常生活工作能力的重要途径。

功能性健身方法可以提高动作效果和控制动作，除了对肌肉的简单收缩和放松加以控制外，还可以加强人体内本体感受器的功能，从而提高不同肌肉间的协调工作。在功能性健身方法的过程中，由于专注于动作的质量和感受，大脑能够发出正确的命令，调动起正确的肌肉，以及让肌肉学会正确理解这些指令，最终提高肌肉协同工作的能力。

功能性健身方法通过平衡性和稳定性的练习，改善练习者的整体运动能力表现。功能性健身方法在提高身体稳定性的同时，也使身体能够更清楚地感知即时的变化，从而及时对身体进行调整，以适应各种不同的外部变化。

五、在多维平面内进行练习

传统的力量练习往往是在一个平面内进行运动，而功能性健身方法强调在多维平面的练习。由于传统的力量练习更加关注独立肌肉的发展，单一肌肉的用力使练习动作发生在一个平面内，而在真实的日常生活中，运动形式在本质上都是同时发生在三个解剖平面内的，经常以对角线转体的形式表现出来，传统的力量练习很少涉及这些功能性的运动方式。

功能性健身方法关注的是整体运动效率，是多关节多肌群的复合性用力动作，并且在多维平面内进行，这种用力方式和动作表现形式都更加接近于真实的运动形式，这也是功能性健身方法区别于非功能性健身方法的一个重要特征。

第五节　功能性健身方法与传统力量训练相比有哪些好处

你现在应该已经了解了日常的生活活动需要完整的运动链和多关节、多肌群的参与，但是当你进入健身房时，却总能看到绝大多数人在以一些日常生活中从来没有出现过的动作去进行练习，比如坐姿弯举、卧姿屈腿等，当然，这些方法强化了对局部肌肉的刺激，更利于单块肌肉的生长，但是如果不注意整体动作的练习，往往使局部肌肉过于发达反而不利于运动链的流畅发力，有可能降低日常活动的质量，表现出肌肉僵硬和动作不协调。

人体在日常生活中要完成的动作就是真正的功能性动作，而通过传统的体能练习或力量练习可以改善人体的基本结构和一般功能，但如要强化人体的功能，功能性健身方法的效率会远远高于非功能性的练习。功能性健身方法与传统力量练习相比有以下几点非常明显的好处。

一、效果更明显

功能性健身方法的目标在于提高人体各肌群之间的整合能力，提高运动链的工作能力，使动作的神经传导通路更加顺畅，使练习者在完成动作时更加有效，这都有利于提高练习者日常生活活动的质量。相对于传统力量训练，功能性健身方法对于提高人们的日常生活质量显然更有帮助。

二、安全更可靠

进行力量练习，人们总是以不断增加的负荷来刺激肌肉生长，当负荷过大时许多动作都存在风险，如果没有妥善的保护或者安全措施，受伤几率较大。而功能性健身方法大多数情况都是以自身体重和较轻的负荷来进行练习，虽然经常会采用不稳定平面来练习，但是通过循序渐进的过程，人们可以安全地进行练习，并且通过本体感觉的调节，人体的平衡与稳定能力都会增加，神经系统也会得到强化，使练习安全可靠。

三、地点更灵活

如果你要进行传统的力量训练，你必须找到一家有一定资质和规模的健身场地，因为你要使用杠铃、组合器械等设备；而功能性健身方法则完全可以在家里或办公室里进行，因为你只需要一小块空地和一些便携的小器械即可，你再也无法使用“没有场地”的借口了！

四、器械更简单

不像传统力量训练需要那些笨重的金属大家伙，功能性健身方法更多的是使用小哑铃、小壶铃、能量球、弹力带、悬吊带、平衡软踏等小巧的设备，甚至你拿起身边的矿泉水、字典、背包、篮球都可以进行练习，身边许多物品都可能变成你练习的工具，你再也无法使用“没有器械”的借口了！

图1–7 常用的功能性健身方法小器械

图1-8 可以作为器械使用的日常用品

图1-9 利用日常生活中的物品代替器械进行练习

五、方式更多样

传统力量练习的方式不算少，但是方法基本固定，也很难有更多的变化，但是当你进入功能性健身方法的世界，你会发现你打开了一个神奇的大门，无穷多的方法让你永远不会觉得枯燥，当你掌握了一个方法后，你很快就会发现还有更难的进阶练习，你可以不断挑战你的各种能力，不断发现新的乐趣，功能性健身方法就是这样让你在趣味中不断得到有效的锻炼。

第六节　功能性健身方法适合哪些人群

功能性健身方法是最平民化的练习，不需要昂贵的设备，不需要昂贵的场地，不需要昂贵的服装，只需要一颗参与的心。功能性健身方法几乎适合各种人群，不论是学生和办公室这些长期坐在桌子旁边的人群，经常进行单一动作的体力劳动者，热爱生活的老年人，还是希望有更好运动表现的狂热体育爱好者，甚至是专业的运动员，都可以从功能性健身方法中找到属于自己的练习方法。

一、久坐不动人群

为了工作和学业，这个人群不得不用更多的时间与桌椅为伴，疲劳很难使他们一直保持正确的坐姿，而长期不良的坐姿很容易引起脊柱的病变和肌力下降，脊柱的病变多集中于颈椎和腰椎，肌力的下降则是全身性的，因此，他们太需要功能性健身方法了。首先，他们需要通过功能性健身的方法来纠正或预防常见的脊柱病变，另外他们需要通过功能性健身方法来提高全身的肌肉力量，从而提高日常生活工作能力。

二、体力劳动者

这个人群非常辛苦，他们大多数时间都在重复单一的动作，比如清洁工人，他们的主要工作就是不停地重复扫地或拖地这个动作，他们工作的时间很长，但是由于动作过于单一，压力始终局限于一组肌肉，会造成这组肌肉疲劳过度，而对侧肌肉或者其他没有使用到的肌肉会逐渐变得薄弱，长久如此则会造成肌肉的严重不平衡，两侧肌肉的不平衡会对脊柱形成扭力，难以保持正确的中立位位置，会引起脊柱的病变。因此，这部分人群也需要通过纠正性的功能性健身方法消除或预防工作带来的不平衡，并通过功能性健身方法来提高日常生活活动的能力和工作动作的效率。

三、老年人

人们进入老年，肌肉力量会逐渐下降，神经系统功能减弱，本体感觉功能也会发生退化。但是很多热爱生活的老年人，还希望保持精神状态和身体工作能力，给社会减轻压力，也增加生活的幸福指数。这个时期，功能性健身方法是非常好的锻炼方法，安全高效，可以帮助老年人保持肌肉工作的能力，提高力量，防止骨质疏松，改善力量产生的速率和提高反应能力，从而提高中老年人的生活质量，并防止摔倒。也许你会突然发现你可以轻松地俯下身去系鞋带了，也许你会发现你上公共汽车不再需要别人的搀扶了。

四、运动爱好者

这是一部分特殊的人群，他们经常锻炼，有自己喜爱的运动，他们往往希望自己能够在喜爱的运动项目中战胜别人，比如网球爱好者和高尔夫爱好者，他们总是希望不断提高自己的球技，可能他们没有想过，网球和高尔夫运动都是属于中度危险的运动，甚至超过了篮球，因为周而复始的单侧肢体快速挥动和单向快速旋转很容易造成过劳性损伤，网球爱好者和高尔夫爱好者的肘部、肩部、下背部、膝部都是很容易发生损伤的部位，而功能性健身方法一方面可以减轻损伤的发生，另一方面也可以提高这些人群的运动表现，使得他们在运动中更具优势。

第七节　功能性健身方法会带给你什么

一、缓解疼痛

功能性健身方法可以缓解你由于不良体姿和缺乏运动引起的慢性疼痛。针对常见的颈椎慢性疼痛、下背部慢性疼痛、肩关节慢性疼痛、膝关节慢性疼痛，都有专门的功能性健身方法，功能性健身方法将带给你一个没有疼痛的、适于日常活动的身体。

二、让家务变得更轻松

通过功能性健身方法可以提高你的日常生活能力，让你不再惧怕家务，你不会再像以前一样刚刚拖完卧室的地板就已经感到疲惫不堪，你不会再像以前一样将购买的新鲜食品分成三份拿到五楼，你也不会再像以前一样总是抓不住淘气的小孙子。

三、让你在运动中更有优势

通过功能性健身方法你会感觉到在喜爱的运动中变得更加应对自如：挥击变得更加有力，下背部和膝关节的疼痛也逐渐消失，甚至有一天你战胜了那个以前从来没有战胜过的强大对手，你会更加热爱这个运动项目了。

四、功能性健身方法可以优化你的身体结构

功能性健身方法虽然并不直接针对肌肉进行练习，然而通过整体的练习，随着你练习的负荷逐渐增加，动作难度越来越大，你会发现你的形体也在不断发生变化，身体变得越来越灵活，身体的线条也变得越来越优美，你的身体正在发生着积极的变化。

五、让你的身体时刻做好准备

功能性健身方法会让你的身体时刻做好准备，激活全身的功能，随时应对可能出现的各种情况，也许是在人头攒动的演唱会现场，你能很好地保护女朋友免受拥挤，也许是你的汽车抛锚后可以把它尽快推到路边，也许是你疯狂购物后还能把所有的袋子抓在手里继续“血拼”。

看看吧，这就是功能性健身方法带来的改变，这就是功能性健身方法的魅力所在，你会发现自己在日常活动中更加得心应手，你可以感觉你的身体被彻底激活，一切似乎都变得轻松起来！

第二章

别让你的身体像『僵尸』

导 语

你一定玩过“植物大战僵尸”吧，你有没有发现自己的身体由于缺乏运动也正变得僵硬，越来越像“僵尸”了？本章将带你了解柔韧性对身体的重要性，是什么因素影响了关节的柔韧性，以及用什么方法来改善“僵尸”一样的身体。本章的练习简单而安全，适合于各类人群经常练习。

第一节　你应该知道的秘密

一、有没有感到身体僵硬

身体僵硬？没那么可怕吧，我可不僵硬。当你看到这个题目时，是不是这样想的呢？先别急，通过几个生活中的小片段，我们一起来看看，到底你有没有这个问题吧。

早上起来，是否感到整个后背和腰部像块木板？需要活动一会儿，才能缓解？

洗澡时，身体总是有那么一两个地方够不到？

弯下腰，双手够不到脚面，感觉双腿后面牵拉的酸痛？

伸懒腰都觉得不那么畅快？

转头时，发现两侧的角度不一样？

坐久了，感觉肩、背部酸痛，要好久才能缓解？

偶尔活动一下身体，发现有的关节发出“嘎嘎”响声？

……

如果以上问题都是肯定答案，那么你真的需要好好看一看下面的内容了。

二、为什么我们的身体会僵硬

身体僵硬是关节、肌肉、韧带柔韧性下降的一种表现。为什么柔韧性会下降呢?

(一)影响关节柔韧性的因素

柔韧性受解剖结构、年龄、性别以及活动水平影响较大。从解剖结构角度讲，关节活动范围、结缔组织、肌肉的体积是影响柔韧性的主要因素。

1. 年龄因素

人在自然生长过程中，身体的柔韧性随着年龄增加有减小的趋势。在儿童少年时期，由于骨骼生长未完成、肌肉与结缔组织柔韧好，所以此时的柔韧性是人一生中最好的时期。而后，在20～22岁时期，骨骼生长完成，肌肉力量达到最大时，身体柔韧性已经处于下降阶段。

2. 性别因素

从性别上讲，女性的柔韧性要好于男性。女性的关节面较男性大，结缔组织强度较男性弱，从而使得女性的柔韧性要好于男性。

3. 解剖结构

解剖结构影响柔韧性主要以关节和肌肉为主。影响关节活动范围的因素有关节面、关节囊以及周围的结缔和肌肉组织的强度。

(二)关节结构决定活动范围

肩、髋关节的形状是圆圆的球窝状，可以做屈、伸、内收、外展、旋内、旋外等多轴活动。手、足关节形状是椭圆球窝的样子，可以做屈伸、内收、外展运动，活动范围相对球窝形关节小。膝、肘关节是一种滑车关节，只能做屈伸运动，活动范围最小。

（三）关节周围韧带和肌肉组织

关节周围韧带多，并且肌肉组织强，关节的牢固性强但灵活性和柔韧性就差。反之亦然。

上面提到，随着年龄渐增，肌肉、骨骼、关节等也都会逐渐变硬，肌肉和关节出现硬化，活动范围减小，易出现疼痛。20岁时，感觉身体富有弹性，动作敏捷、舒展，走起路来轻盈有力；70岁的时候，动作就会有些缺乏连续性、不那么灵活，步幅变小了，甚至快走也有点困难了。

现在是不是感到身体柔软与否有些重要了呢？柔软、轻盈的身体看上去充满活力；而僵硬的身体就好像枯树枝，稍稍运动，关节就会嘎啦作响。是什么导致现代人的身体僵硬呢？有没有办法改善这样的问题呢？

（四）“运动不足”让身体变得僵硬

现代人身体的柔韧性下降，最重要的原因就是“运动不足”！

与过去相比，现在的交通手段发达，家用电器普及，外出和做家务变得非常轻松，甚至连逛街购物、外出就餐都省了，直接用网络解决。如果不增加其他身体活动，那么，这种便利性的代价就是：身体越来越早的出现老化和僵硬。

也许你会说，我天生柔韧性就差。但是，不管身体多么僵硬的人，婴、幼儿时期也是柔软的，是随着年龄增长，加上各种不良的生活习惯，使我们的身体变得不那么柔软了。但是，如果你曾经练习舞蹈、体操、武术，经常从事各种运动，那么你的柔韧性会比没有这些经历的人好。说明什么呢？我们的身体需要运动，而恰当的运动必然会改善身体的柔韧性。

也许你还会说，柔韧性差也没什么嘛，不用去管它。那好，我们一起看看下面的内容会告诉你什么吧。

三、身体的僵硬会引发哪些各种问题

身体僵硬可能导致各种各样的问题，其危害至少有以下两项。

（一）比别人更容易受伤

当肌肉力量下降、身体出现僵硬后，完成跑、站、坐、甚至系鞋带等需要弯曲身体的动作会变得比较困难；也许，到了一定年龄，剪脚趾甲都会变成一件无法完成的事。

身体的柔软度好，跌倒或扭转身体的某一部分时，就能迅速反应，做出相应措施进行缓冲；当身体处于僵硬状态时，很可能因为踩到路面上的一个小坑，就引起扭伤甚至骨折。

肌肉僵硬时，关节的活动也会变得困难，使身体的大动作受到限制，如大步走路、弯腰捡东西等。

（二）更容易发生局部疼痛

肩痛、背痛、腰痛、腿痛、关节痛，有可能是这些部位的肌肉僵硬和关节“生锈”的警示。

第二节　改变身体僵硬的练习方法

这里我们推荐对于普通人来说安全又有效的办法——静态拉伸。

一、拉伸有哪些好处

规律的拉伸运动至少有以下益处。

（1）放松身心。

（2）增强学习和完成运动中技术动作的能力。

（3）保持现有的柔韧性，避免随年龄增加而导致的身体僵硬。

（4）降低关节，肌肉和韧带损伤的风险。

（5）减轻肌肉酸痛。

（6）缓解肌肉紧张。

二、什么是静态拉伸

静态拉伸的特点是动作缓慢、柔和，沿肌纤维的方向拉长肌肉，并在最大幅度（感觉舒适，不疼痛）保持10～20秒，重复2～3次。在拉伸过程中，肌肉不应有疼痛感。另外，拉伸过程中，不应憋气，自然呼吸。这种拉伸方法容易掌握，而且于改善关节活动范围效果显著。对普通人群来讲，是一种安全而有效的柔韧练习方法。

主动静态拉伸，利用自身力量或体重将肌肉顺着肌纤维的走向拉长，被动静态拉伸是借助同伴的力量进行肌肉的被动拉长。当肌肉拉伸到一定的紧张度时，维持10～20秒，重复2～3次，让肌肉的长度增加而增加关节的运动幅度。

拉伸的重点在于动作的开始要慢，不要让肌肉感到痛楚，并配合正常呼吸。

三、拉伸练习时需要注意些什么

（1）拉伸练习过程中，切记不可过度拉伸，要从肌肉能够适应的最小幅度开始，急于求成只会造成肌肉更加僵硬和受伤。

（2）从大的关节、大的肌肉开始拉伸，逐渐转移到小的关节和肌肉。

（3）在体育运动的准备活动和放松活动中，应集中在要承受压力（或承受了压力）的部位，在日常生活中要以感觉到沉重、倦怠的部位为重点进行拉伸，这样将提高效果。

（4）拉伸过程中保持自然呼吸，不要屏气，在呼气时逐渐加大拉伸幅度。

（5）有脊柱问题的练习者，如颈椎病、腰椎间盘突出等，避免做过度脊柱前、后屈动作。

四、如何进行安全的拉伸

我们根据人体各部位的特点，编制了简单、实用的拉伸动作。这套动作主要包括颈部、躯干、上肢和下肢四个部位的拉伸。

（一）颈部肌肉拉伸

患有颈椎疾病者，请遵循医嘱，慎做颈部拉伸练习！

【练习目的】

拉伸颈部两侧、前后肌群。放松颈部、肩部肌肉。

1. 颈部前侧肌肉拉伸

【练习步骤】

直立或正坐，将头缓慢后仰，下颌尽量上抬，至颈部前侧肌肉有牵拉感，保持10～20秒，放松，还原。（图2–颈部1.1）

【推荐练习量】

重复1～2次。

【健身贴士】

练习过程中，双肩放松，保持水平，不要耸肩、斜肩。

缓慢的拉伸肌肉，感觉舒适，有牵拉感即可。

2. 颈部后侧（单侧）肌肉拉伸1

【练习步骤】

直立或正坐，将右手置于左侧头部后上方，缓慢向右前方用力，使下颌尽可能靠近右侧锁骨，至颈部左后侧肌肉有牵拉感，保持10～20秒，放松，还原，换另一侧练习。（图2–颈部2.1）

【推荐练习量】

重复1～2次。

【健身贴士】

练习过程中，双肩放松，保持水平，不要耸肩、斜肩。

缓慢的拉伸肌肉，感觉舒适，有牵拉感即可。

图2–颈部1.1 颈部前侧肌肉拉伸

图2–颈部2.1 颈部后侧（单侧）肌肉拉伸1

3. 颈部后侧肌肉拉伸2

【练习步骤】

直立或正坐，将双手交叉置于头后部，缓慢向前下方用力，尽量使下颌接近胸部，至颈部后侧肌肉有牵拉感，保持10～20秒，放松，还原。练习时，挺胸，不要含胸。（图2–颈部3.1）

【推荐练习量】

重复1～2次。

【健身贴士】

练习过程中，双肩放松，保持水平，不要耸肩、斜肩。

缓慢的拉伸肌肉，感觉舒适，有牵拉感即可。

4. 颈部两侧肌肉拉伸

【练习步骤】

直立或正坐，将右手置于头部左侧，缓慢向右侧用力，使右耳尽可能靠近右肩，至颈部左侧肌肉有牵拉感，保持10～20秒，放松，还原，换另一侧练习。（图2–颈部4.1）

【推荐练习量】

重复1～2次。

【健身贴士】

练习过程中，双肩放松，保持水平，不要耸肩、斜肩。

缓慢的拉伸肌肉，感觉舒适，有牵拉感即可。

图2–颈部3.1　颈部后侧肌肉拉伸2

图2–颈部4.1　颈部两侧肌肉拉伸

（二）上肢肌肉拉伸

【练习目的】

拉伸上肢肌群。

1. 上臂后部肌肉拉伸

【练习步骤】

在头后弯曲双臂，右手抓住左肘关节，右手向右侧拉左肘，同时左臂用力向右侧伸展，直到左臂后侧肌肉有牵拉感，保持10～20秒，放松，还原，换另一侧练习。（图2–上肢1.1）

【推荐练习量】

重复1～2次。

【健身贴士】

拉伸过程中头部自然摆放，上体正直。坐在有靠背的椅子上，能够更有效的拉伸肌肉。

缓慢的拉伸肌肉，感觉舒适，有牵拉感即可。

2. 胸前横臂拉伸

【练习步骤】

自然站立，双臂在体前交叉，左手拉住右臂肘关节。将右臂缓缓拉向左侧，至肩膀外侧和手臂上部肌肉有牵拉感，保持10～20秒，放松，还原，换另一侧练习。（图2–上肢2.1）

图2–上肢1.1　上臂后部肌肉拉伸

图2–上肢2.1　胸前横臂拉伸

【推荐练习量】

重复1～2次。

【健身贴士】

练习时，身体请保持正直，不要转体。

3. 前臂拉伸1

【练习步骤】

左臂伸直，左手向手背方向弯曲，右手握住左手四指。右手用力，加大左手弯曲幅度，至左手手掌、手指、手心方向的前臂肌群有牵拉感，保持10～20秒，放松，还原，换另一侧练习。（图2–上肢3.1）

【推荐练习量】

重复1～2次。

【健身贴士】

拉伸部位为屈手腕肌肉。帮助拉伸的手缓慢、持续用力，另一手臂伸直。

4. 前臂拉伸2

【练习步骤】

双臂向前伸直，掌心向下，双手握拳。手腕用力弯曲，同时向内侧旋转手腕，使拳眼向下，至手背方向的前臂肌群有牵拉感，保持10～20秒，放松，还原。（图2–上肢4.1）

【推荐练习量】

重复1～2次。

图2–上肢3.1　前臂拉伸1

图2–上肢4.1　前臂拉伸2

【健身贴士】

拉伸部位为伸手腕肌肉。双臂伸直。

（三）躯干肌肉拉伸

有腰椎问题者，避免大幅度的躯干活动。

【练习目的】

拉伸躯干主要肌群

1. 曲臂体侧屈

【练习步骤】

自然站立，双脚与肩同宽，双手在脑后握住对侧肘关节。腰部缓慢向左侧屈，同时左手拉动右臂肘部，至躯干后方右侧肌肉有牵拉感，保持10～20秒，放松，还原，换另一侧练习。（图2–躯干1.1）

【推荐练习量】

重复1～2次。

【健身贴士】

拉伸部位为躯干后方、两侧肌肉。

注意保持躯干不前倾或后倾，侧向屈伸以舒适为度，切不可过度拉伸。

2. 胸部肌肉拉伸

【练习步骤】

站立，两手置于背后，交叉相握，伸直肘关节，缓慢向上抬臂，保持头部正直，颈部放松。保持10～20秒，放松，重复练习1次。（图2–躯干2.1）

图2–躯干1.1　曲臂体侧屈

图2–躯干2.1　胸部肌肉拉伸

【推荐练习量】

重复1～2次。

【健身贴士】

身体保持正直，不要随着手臂上抬而弯腰低头。

3. 腹背肌肉拉伸

【练习步骤】

双腿并拢，两臂上举，双手十指交叉，掌心向上。躯干保持直立，双手向上用力，至腹部、背部肌肉有牵拉感。保持10～20秒，放松。（图2–躯干3.1）

图2–躯干3.1　腹背肌肉拉伸

【推荐练习量】

重复1～2次。

【健身贴士】

患有腰椎疾病者，请谨慎从事该练习。

练习时，头和身体保持正直。

（四）下肢肌肉拉伸

【练习目的】

拉伸下肢各肌群。

1. 小腿肌肉拉伸

【练习步骤】

自然站立，两脚并拢，左腿向前迈出一步，步幅以右腿伸直时，整个脚掌着地为准，脚尖朝前。双手置于右膝上，躯干保持直立，左腿缓慢屈膝，降低身体重心，保持右腿伸直及脚跟着地，直至小腿后部肌肉有牵拉感，保持10～20秒，放松，还原，换另一侧练习。（图2–下肢1.1）

【推荐练习量】

重复1～2次。

【健身贴士】

拉伸部位为小腿后部肌肉。

练习时，身体保持直立，不要前倾或后倒；屈膝腿的膝关节不要超过脚尖。

2. 弓步压腿

【练习步骤】

自然站立，两脚并拢，左腿后撤一大步，脚尖朝前，躯干保持直立，双手置于右膝上，右腿缓慢屈膝，使身体重心下降，至大腿前部和髋部肌肉有牵拉感，坚持10～20秒。放松，还原，换另一侧练习。（图2–下肢2.1）

【推荐练习量】

重复1～2次。

图2–下肢1.1　小腿肌肉拉伸

图2–下肢2.1　弓步压腿

【健身贴士】

拉伸部位为大腿前部和屈髋肌肉。

练习时，手可扶住其他固定物体以维持身体平衡。屈膝腿的膝关节不要超过脚尖。

3. 侧弓步压腿

【练习步骤】

自然站立，两脚并拢，右腿向右跨出一大步，脚尖朝前，躯干保持直立，左腿缓慢屈膝，降低身体重心，至大腿内侧肌肉有牵拉感，保持10～20秒，放松，还原，换另一侧练习。（图2–下肢3.1）

【推荐练习量】

重复1～2次。

【健身贴士】

拉伸部位为大腿内侧肌肉。头和身体保持正直。

4. 大腿前侧肌肉拉伸

【练习步骤】

侧对墙壁，自然站立，右手扶墙，躯干保持直立，左侧小腿向后上方抬起，左手握住左腿踝部，使左脚跟靠近臀部，至左侧大腿前侧肌肉有牵拉感，保持10～20秒，放松，还原，换另一侧练习。（图2–下肢4.1）

图2–下肢3.1　侧弓步压腿

图2–下肢4.1　大腿前侧肌肉拉伸

【推荐练习量】

重复1～2次。

【健身贴士】

拉伸部位为大腿前侧肌肉。

头和身体保持正直，弯曲腿膝盖贴近另一侧腿。

5. 坐位体前屈

【练习步骤】

坐姿，双腿伸直或略微弯曲，双脚与髋同宽，双臂上举。（图2–下肢5.1）

向前屈体，双手触摸小腿或脚踝，至大腿后部肌肉有牵拉感，保持10～20秒。（图2–下肢5.2）

【推荐练习量】

重复1～2次。

【健身贴士】

患有腰椎疾病者，请谨慎从事该练习。

拉伸部位为大腿后部肌肉。练习时，根据自己的情况，双腿可弯曲或伸直。

图2–下肢5.1　坐位体前屈

图2–下肢5.2　坐位体前屈

简单易行，持之以恒；
舒缓操作，不痛为度。

第三章

挺拔身姿

导 语

本章将和你一起聊聊关于身体姿势的话题。身体姿势的正确与否很重要吗？你是否知道，长期采用不正确的身体姿势，会给身体带来不良的影响？从坐、站、走开始了解正确的身体姿势是什么样的。本章最后还会提供一些可以很容易操作的练习方法，帮助你改变不良的身体姿势。本章的练习简单而安全，适合于各类人群经常练习。

第一节　你应该知道的秘密

一、你的身体姿势正确吗

现在是看电视时间，请问你是怎么看电视的：翘着二郎腿？窝在沙发里？还是斜靠在床上？这些看似舒服的姿势正在损害着你的健康，而经常采用不正确的身体姿势，将导致骨骼的变形，尤其是影响我们的脊椎，从而引发各种健康问题。

二、不正确的姿势会带来什么问题

俗话说“站有站相、坐有坐相”，正确的身体姿势能保持身体处于稳定状态，保证身体各组织器官的正常功能，减少肌肉和韧带的紧张，延缓肌肉的疲劳。

人类是站立行动的，脊椎承受的重量很大，不正确的身体姿势使脊椎无法维持正常的曲线，脊椎四周的肌肉会失去平衡。比如，很多人都有腰酸背痛的问题，就是平时在生活中不注意自己的身体姿态、缺乏适当的运动，日积月累肌肉紧张、不平衡所致。

三、脊椎是什么样的

我们的脊椎从侧面看，就像一个长长的“S”形，脊椎由7块颈椎骨、12块胸椎骨、5块腰椎骨、1块骶椎、1块尾椎（骶椎和尾椎分别是由出生时的4～5块骨头融合而成一块）组成。每一节椎骨与相邻的椎骨之间都是通过复杂的关节、韧带以及椎间盘相互连接的。椎间盘就仿佛是脊椎缓冲压力不可缺少的“海绵垫”。如果每一节脊椎骨都处于正常的位置，那么整个脊椎呈现出两个向前的弯曲（颈曲和腰曲）、两个向后的弯曲（胸曲和骶曲）。这种脊椎的自然形态是人类为抵抗外界的压力、缓解施加在脊椎上的冲击力而逐渐形成的。（图3-1）

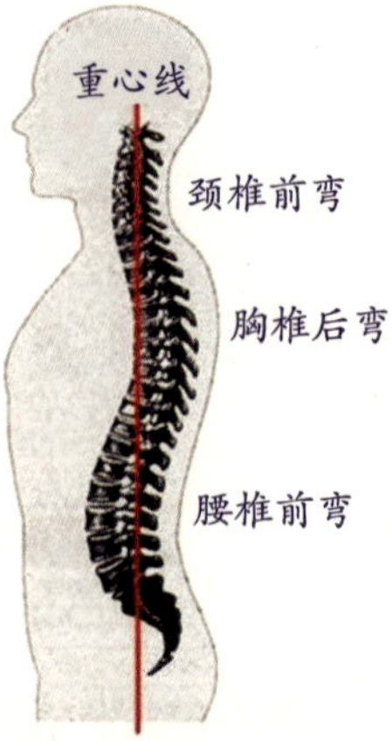

图3-1　人体脊椎

我们从生活中的几个常见状态来看看都会发生哪些错误姿势吧。

1. 伏案工作

错误姿势：头向前探，含胸驼背。（图3-2）

图3-2　两种常见的不正确伏案姿势

危害：弓背探头的姿势，使颈椎、肩膀前屈，诱发腰、背、颈肩的疼痛。

2. 看电视

错误姿势：全身松垮的窝在沙发上或是倚靠在床上。

危害：影响呼吸和消化系统。窝在沙发上，不仅挤压内脏，还易导致腰肌劳损。

3. 站、走

错误姿势：弓腰驼背、过度挺胸翘臀、斜肩。

危害：弓腰驼背，影响呼吸、造成腰肌劳损。过度挺胸翘臀，加重腰椎的负担，引起腰痛。斜肩会使脊椎侧弯，造成腰椎两侧受力不均，导致腰背疼痛。

你是不是经常使用上面的错误姿势呢？那就需要改变一下了，了解正确的姿势，让你的身姿挺拔起来。

四、你有身体姿势方面的问题吗

你的身体姿势是否正确呢？不良的身体姿势是日常工作、生活中逐渐形成的，不良姿势日积月累，造成骨骼结构改变、肌肉不平衡，最终形成你现在的身体姿态问题。

要想保持脊柱的正确位置，首先要保证骨盆的正确位置。骨盆位置正确（处于竖直位置）时，脊柱就能保持良好的中间位。当骨盆位置发生明显的改变时，脊柱的中间位就会被破坏，脊柱的自然弯曲就会改变，身体姿态同时也会发生改变。因此，骨盆的位置是保持脊柱中间位的关键，同时也是一个脊柱位置变化的明显标志。

在我们了解正确的身体姿势之前，先来了解一下骨盆的位置吧。

双手叉腰时，手放的位置就是骨盆的上缘，摸到的骨骼就是髂骨。通过眼睛观察和活动骨盆，来了解骨盆的中间位置、前倾和后倾。当然还可以通过简单的测试来确定你的体态。

五、常见不良身体姿态

一般来讲，后天不良的姿态，最常见的有4种。

（1）弯腰驼背：骨盆后倾，使腰椎前弯变小，胸椎后弯变大，整个脊柱从侧面看像个“C”。

（2）挺胸翘臀：骨盆前倾，使腰椎前弯变大，胸椎后弯变小。

（3）弓背探颈：骨盆位置相对正确，但重心前移，为了平衡，胸椎后弯变大，同时颈部向前探。

（4）脊柱侧弯：双肩不一样高，或两侧骨盆不一样高。

我们通过简单的测试，来了解身体姿态出现了什么问题。

第一步——观察

请找一面能够照到全身的镜子，放松的站在镜子前面，观察自己的身体姿态，双肩是否一样高，身体是不是正直？再用身体侧面对着镜子，观察侧面的姿态。

第二步——站姿测试

请找一面平整的墙壁。背靠墙壁，双脚分开与髋同宽，脚尖朝前，膝盖放松，将脚跟、骶骨、上背部贴在墙壁上，记录下你的问题。

（1）很轻松的做到，腰部和墙壁间的空隙差不多是手掌的厚度。

（2）很轻松的做到，腰部和墙壁间的空隙比手掌的厚度大。

（3）感觉很难，三个部位几乎无法同时贴在墙壁上或是虽然贴上了，但很难保持姿势。

六、不良姿态都有哪些特点呢

1. 弯腰驼背

第一步测试中，身体侧面像“C”，和第二步测试中选择“3”。

姿态特征：头前探、躬背、臀部平坦、身体重心后移。（图3-3）

身体结构：骨盆后倾，腰椎曲线变平，髋关节过伸。

肌肉特点：背部肌肉拉长变弱，臀大肌萎缩，腹部肌肉缩短变弱，大腿后部肌肉缩短并且紧张。

易发人群：久坐人群。

不良影响：（1）肌肉紧张，肩部僵硬，颈酸痛，甚至引起头痛和手臂麻木。（2）肩膀内扣，呼吸短浅，摄入氧气减少，有时会有胸闷的感

图3-3　弯腰驼背的站姿

觉。（3）腹腔容量减小，影响消化和营养吸收，造成便秘。

2. 挺胸翘臀

第一步测试中，身体侧面像“S”，和第二步测试中选择“2”。

姿态特征：胸部前挺、腰部曲度大、臀部后翘、身体重心前移、膝盖绷直。（图3-4）

图3-4　挺胸翘臀的站姿

身体结构：骨盆前倾，腰椎前弯，髋关节过屈。

肌肉特点：腹肌和大腿后部肌肉拉长变弱，臀大肌轻微拉长，背部肌肉、髋部肌肉和大腿肌肉缩短并且紧张。

易发人群：经常穿高跟鞋者、体操选手、模特、舞蹈者。

不良影响：（1）如果经常处于骨盆前倾，腰椎过度前弯的状态，会增加关节（腰椎，膝关节）的压力，引发下背部酸痛。（2）影响髋关节伸展，膝盖僵硬。

3. 弓背探颈

第一步测试中，身体侧面像拉长的“S”，和第二步测试中选择“3”。

姿态特征：介于体态“1”和“2”之间，颈部前探，上背部后弯、臀部紧缩、膝盖弯曲。（图3-5）

图3-5　弓背探颈的站姿

身体结构：骨盆基本中正，胸椎后弯，腰椎前弯，身体重心靠后。

肌肉特点：各部位肌力较弱，上背部肌肉拉长变弱，臀肌紧张。

易发人群：姿势懒散、肌肉力量弱、关节松弛者，孕期妇女。

不良影响：（1）胸部内陷，影响呼吸；肌力较弱，关节不稳固，容易引发关节问题。（2）长期保持这个姿态，形成骨盆后倾问题。

4. 脊柱侧弯

第一步测试中，从身体正面看，双肩不平或是骨盆不平。

姿态特征：肩膀（骨盆）一高一低，站姿重心偏向一侧。（图3–6）

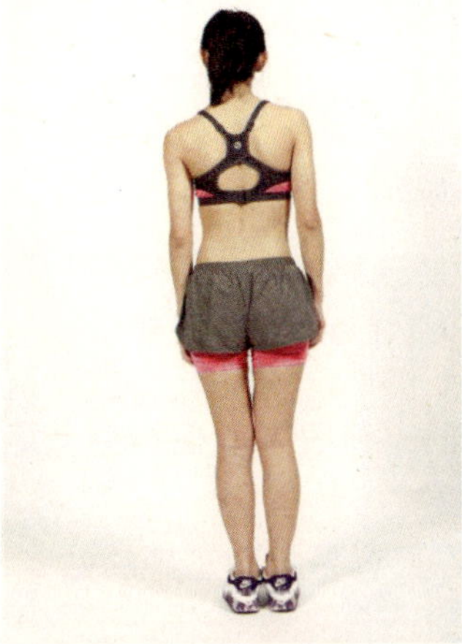

图3–6　脊柱侧弯的站姿

身体结构：脊柱有轻微或明显侧弯。

肌肉特点：身体两侧肌力不平衡，常用力一侧肌肉紧缩，不常用力一侧肌肉松弛。

易发人群：习惯使用身体某一侧做事，如牙医、理发师、经常单侧肩承担重物者。

不良影响：轻微的脊柱侧弯会导致腰背部肌肉不均衡，引发腰背部疼痛。

七、什么是正确的身体姿势

（一）正确的站姿（图3–7.1、图3–7.2）

两腿分开与髋同宽，脚尖正向前或稍微外开，身体重心在两脚之间。
膝关节向前，放松不锁死、不过屈也不过伸。
骨盆处中间位置。

图3-7.1　正确的站姿（正面）

图3-7.2　正确的站姿（侧面）

腰部微微内凹，腹部略微收紧，保持后背平直，胸部挺起，肩部向后向下沉，头部正直。

用下面的方法，也许更容易找到正确的站姿：

当站立时，想象——

你的耳朵位于肩膀上方，肩膀位于髋的上方，髋位于膝盖的上方，膝盖位于脚跟的上方，而头则像氢气球一样飘浮在颈部的上方。最后，轻轻地拉长你的脊椎。

（二）正确的坐姿（图3-8）

臀部靠紧椅子后部，腰和肩胛骨与椅背相接触，使腰部获得足够的支撑，腰部和后背平直或轻微内凹，需要的话，可在腰部放置薄垫。

图3-8　正确的坐姿

肩部放松，头部保持正直。

两腿分开与髋同宽，脚尖正向前或稍微外开，两脚平放在地面上，膝盖向前。

两侧坐骨均匀地承担体重，腰背部过多的前屈和过伸都会给颈、肩和腰部造成压力。

（三）正确的走姿（图3-9）

身体姿态同站立姿势。

图3-9 正确的走姿

躯干伸直向上（无前倾和后仰），胸部展开，腹部收紧，下颌微收，两眼平视前方，以自然的步幅向前迈步。

迈步时，脚尖正向前，腿没有内收或外展，脚后跟先落地，然后过渡到全脚掌和脚尖，身体重心前移，脚尖在体后离开地面，前后步幅大小一致。

两臂靠近身体前后自然摆动，手放松。

（四）头的正确位置

耳朵的中间和下眼眶在一条水平横线上，这个位置使头部的重心位于躯干的正上方，颈部的压力最小。

错误的头部位置使颈部和肩部承担更多的压力。

第二节　挺拔身姿的练习方法

通过上面章节的介绍，你已经了解自己的身体姿态和正确的站立、坐、走的姿势。那么，出现问题的身体姿态能不能调整呢？需要怎么做呢？这就是本节想要告诉你的。

如果不良身体姿态对身体影响只是肌肉变化阶段，是可以通过练习来改变的。如果骨骼发生了改变则需要及时就医了。

改变不良身体姿态需要有一定的耐心和恒心，不过，为了让身体更加挺拔，不再受疼痛的折磨，还是值得的。

下面将介绍一些简单易行的练习方法，这些方法通过提高身体核心肌群的力量，加强变弱和被拉长肌肉的力量、拉伸紧缩和紧张的肌肉，使骨盆恢复到中立位置，重现脊椎曲线，提高脊椎稳定性和核心肌肉的控制能力。

一、练习前需要做什么

（1）询问医生的意见：如曾受伤、生病等，请先询问医生意见。

（2）运动着装：舒适透气的服装。

（3）运动场地：家中，平坦地面，硬的床等，任何能舒展开身体的地方。

（4）运动器材：椅子、瑜伽垫等。

（5）练习前要有热身活动，练习后要做放松练习。

（6）初学练习者，应循序渐进，刚刚开始时，需要每天练习正确的姿势2～3次，每次坚持5～10分钟。不同类型的身体姿态问题，可以进行针对性练习，每周3次，每次30分钟。

（7）针对姿势调整的力量练习多是静力性的，动作过程中，需要慢而有控制，并保持一定时间。

（8）伸展练习应采用静力性、保持一定时间的自主练习。伸展限度为不疼痛有拉伸感。避免弹压式伸展练习。

二、怎样才能挺拔身姿？——挺拔身姿的12种方法

1. 脊柱伸展

【练习目的】

伸展躯干前侧肌肉，帮助建立正确姿势，纠正弓背探颈、弯腰驼背。

【练习步骤】

按基本站姿站立，吸气，两臂伸直，从身体两侧慢慢举至头顶上方，挺胸，收腹，自然呼吸30～60秒，头自然后仰。呼气，慢慢放下手臂，放松身体。（图3–10）

图3–10　脊柱伸展

【推荐练习量】

每日练习2～4组，每组3～8次。

【健身贴士】

伸展身体，肩部下沉，自然呼吸，不屏气。

保持背部平直，收紧臀部肌肉，保护腰部，避免腰部过度弯曲。

有颈部问题者请保持头部在正直位置，避免头部后仰。

【进阶练习】

在此动作基础上，踮起脚尖。

2. 胸肌伸展

【练习目的】

伸展胸部肌肉，帮助建立正确姿势，纠正弓背探颈、弯腰驼背。

【练习步骤】

按基本站姿站立，吸气，两手在身体后面十指交握，慢慢抬高双臂，挺胸，收腹，自然呼吸，保持动作30秒，头正直。呼气，慢慢放下手臂，放松身体。（图3–11）

图3–11　胸肌伸展

【推荐练习量】

每日练习2～4组，每组3～8次。

【健身贴士】

肩部后展，伸展胸部肌肉，自然呼吸，不屏气。

逐渐加大双臂幅度，避免腰部过度弯曲。

3. 基本背伸展

【所需器械】

瑜伽垫。

【练习目的】

增强背部肌肉，伸展胸部肌肉，纠正弓背探颈、弯腰驼背。

【练习步骤】

俯卧，将双臂放在身体两侧，呼气，抬起肩膀，掌心向下，手臂离开地面约15厘米，向后伸向脚趾方向，头正直，保持颈部正常姿态，保持姿势15～30秒，自然呼吸，手臂回到起始位置，身体贴向地面，放松全身。（图3–12）

图3–12　基本背伸展

【推荐练习量】

每日练习2～4组，每组3～8次。

【健身贴士】

收紧背部、臀部肌肉，微微收起下颌。

保持头颈的位置与脊柱呈一线，肩部离开地面即可，手臂尽力伸向脚趾方向，不过度挤压腰部脊椎。

【进阶练习】

保持肩部抬起姿势的同时抬起双腿。

4. 跪姿平衡

【所需器械】

瑜伽垫。

【练习目的】

稳定骨盆，加强脊柱两侧肌肉，增强核心肌肉协调及稳定性。

【练习步骤】

跪在垫子上，四肢着地，膝盖分开与臀部同宽。双臂伸直，双手在肩膀垂直正下方，手指张开向前支持住身体，头颈部自然位置，眼睛看着前方。（图3–13.1）

向前伸右臂，向后伸左腿，直到手臂和腿与地面平行。在动作的过程中，保持背部平直。（图3–13.2）

图3–13.1　跪姿平衡起始姿势

图3–13.2　跪姿平衡

保持姿势3～5秒。

缓缓地放下手和腿，回到开始的位置。换右臂左腿再做一次，直到把这组动作做完。

【推荐练习量】

每日练习2～4组，每组10～15次。

【健身贴士】

在脊柱位置正确的情况下，保持平衡，无法保持则需要降低难度，如手臂和腿的动作分开完成。

保持头颈的位置与脊柱呈一线，保持背部平直，避免过度伸展腰部，防止受伤。

注意保护膝盖。

【进阶练习】

在膝盖下加上平衡垫。

5. 游泳式

【所需器械】

瑜伽垫。

【练习目的】

增强背部肌肉，纠正骨盆后倾。

【练习步骤】

俯卧，双臂前伸，微微抬起右臂，同时抬起左腿，双侧交替进行，好像游自由泳。（图3–14）

图3–14　游泳式

【推荐练习量】

每日练习2～4组，每组10～15次。

【健身贴士】

动作慢，有控制，幅度不要大，保持躯干肌肉的收紧。

保持骨盆姿态，腿不要抬高，保持头颈的位置与脊柱呈一线。

6. 桥式

【所需器械】

瑜伽垫。

【练习目的】

稳定骨盆，强化背部肌肉，纠正骨盆前倾。

【练习步骤】

仰卧，双手置于体侧，屈膝，双脚分开，脚跟靠近臀部，吸气，抬高臀部，保持大腿、骨盆、躯干在一个平面，吐气，放下臀部至离地2厘米处，继续做下一个动作。（图3–15）

图3–15　桥式

【推荐练习量】

每日练习2～4组，每组10～15次。

【健身贴士】

集中精力在保持大腿、骨盆、躯干的位置，自然呼吸。

臀部位置过高加重腰部负担，过低影响练习效果。

有颈部问题者避免臀部位置过高。

【进阶练习】

在臀部抬到适合位置后，保持姿势，并抬起一侧腿，顺着躯干的平面伸直，换侧练习。

7. 坐椅式半蹲

【所需器械】

椅子。

【练习目的】

强化大腿肌肉、脊柱，稳定骨盆。

【练习步骤】

标准坐姿，坐在椅子的前部，双臂前平举，与肩同高。（图3–16.1）

吐气，臀部抬离椅子，至半蹲姿势。（图3–16.2）

从半蹲起身至标准站姿。（图3–16.3）

【推荐练习量】

每日练习2～4组，每组10～15次。

【健身贴士】

收腹，挺胸，脊柱、骨盆保持正确姿态。

膝盖不要超过脚尖，完成困难时，可缓缓坐回椅子，避免受伤。

【进阶练习】

不借助椅子，加大动作幅度。（图3–16.4）

图3–16.1　坐椅式半蹲起始姿势

图3–16.2　坐椅式半蹲

图3–16.3　坐椅式半蹲结束姿势

图3–16.4　坐椅式半蹲进阶动作

8. 屈腿仰卧卷体

【所需器械】

瑜伽垫、泡沫轴。

【练习目的】

强化腹部肌群，增加脊柱灵活性。

【练习步骤】

仰卧，屈膝，双脚略分开，双手置于头两侧，双肘打开。呼气，收缩腹部肌肉，肩膀离开地面，停留10～15次呼吸，放松身体。（图3–17.1）

【推荐练习量】

每日练习2～4组，每组10～15次。

【健身贴士】

保持背部贴紧垫子。

双手不可用力抱头牵拉，仅在两侧辅助。

【进阶练习】

泡沫轴仰卧卷体。（图3–17.2）

图3–17.1　屈腿仰卧卷体

图3–17.2　屈腿仰卧卷体进阶——泡沫轴仰卧卷体

9. 坐姿腿后伸展

【所需器械】

瑜伽垫、泡沫轴。

【练习目的】

伸展背部、腿后肌群，纠正骨盆前倾。

【练习步骤】

标准坐姿，身体从骨盆前倾，感觉到腿部有拉伸感即可，双手可以握住小腿或脚尖，停留伸展姿势20～30秒。如有困难，可以借助伸展带。（图3–18.1）

图3–18.1　坐姿腿后伸展

【推荐练习量】

每日练习2～4组，每组2～3次。

【健身贴士】

背部平直，缓慢拉伸。

有腰椎间盘后突者禁做。

拉伸要缓和，以不感到疼痛为准。

【进阶练习】

泡沫轴腿后伸展。（图3–18.2、图3–18.3）

图3-18.2　坐姿腿后伸展进阶——泡沫轴腿后伸展起始姿势

图3-18.3　坐姿腿后伸展进阶——泡沫轴腿后伸展

10. 跪姿脊柱屈伸

【所需器械】

瑜伽垫。

【练习目的】

舒缓背部肌肉，增强脊柱活动能力。

【练习步骤】

跪姿，膝盖置于髋下方，双臂伸直，双手撑在垫子上，置于双肩下方。（图3-19.1）

呼气，弓背，眼睛看向肚脐方向。（图3-19.2）

吸气，臀部上翘，眼睛看前上方，弯曲脊柱。（图3-19.3）

【推荐练习量】

每日练习2～4组，每组10～15次。

图3-19.1　跪姿脊柱屈伸起始姿势

图3-19.2　跪姿脊柱屈伸中间姿势1

图3-19.3　跪姿脊柱屈伸中间姿势2

【健身贴士】

注意力集中在腰背部，感受脊柱的屈伸。

适度弯曲脊柱，不可有疼痛感。

11. 背部直角伸展式

【练习目的】

强化脊柱、背部肌肉，伸展腿后部肌肉，加强腿前部肌肉。纠正骨盆后倾。

【练习步骤】

站立，两脚靠拢，吸气，两手合十高举过头，呼气，向前弯身，直到背部和双腿形成一个直角，两眼始终注视双手，保持正常呼吸，保持10~15秒，吸气并回复直立姿势，呼气还原手臂，恢复站立姿势，放松。（图3-20）

图3-20　背部直角伸展式

【推荐练习量】

每日练习2~4组，每组2~3次。

【健身贴士】

背部平直，躯干和腿呈直角。

在背部平直的情况下，做不到直角，可以弯曲双腿，不可加大腰部负担。

12. 前臂支撑式

【所需器械】

瑜伽垫。

【练习目的】

强化背部和腹部肌肉，纠正骨盆前倾。

【练习步骤】

俯卧，身体挺直，前臂支撑起身体，肘部位于肩膀正下方，收紧肩带肌群及躯干，保持该姿势30秒，俯卧放松。（图3–21.1）

【推荐练习量】

每日练习2～4次，每次20～40秒，可逐步延长每次的时间。

【健身贴士】

身体平直，保持头颈的位置与脊柱呈一线，收紧躯干肌肉。

确认肘部位于肩膀的正下方，双脚伸直，腹部有让肚脐往内去找脊椎的感觉。

【进阶练习】

在大健身球上练习。（图3–21.2）

图3–21.1　前臂支撑式

图3–21.2　前臂支撑式进阶练习

第四章

拯救颈部

导 语

近几年来，随着科技的进步，大量的电子产品在工作和学习中的应用，给颈部带来了越来越大的负担，使本来就脆弱的颈部关节更是“雪上加霜”。目前，本应是代表老年病之一的颈椎病出现了低龄化的趋势，不仅很多年轻的上班族被颈椎病所困扰，甚至许多中小学生也不同程度上出现了颈椎病。我们选择与设计了9种针对颈部肌肉的练习方法，帮你摆脱颈部的疼痛困扰。本章的练习简单而安全，适合于各类人群经常练习。

第一节　你应该知道的秘密

颈部的骨骼和肌肉是支撑我们大脑的主要器官，颈部是人们神经、血管分布的“咽喉之地”。随着电脑、手机等高科技产品在工作和生活中的应用，颈部的负担越来越大，使本来就脆弱的颈部关节更是“雪上加霜”。长时间的伏案工作或使用手机、电脑等现代工具，加重了颈部压力。近几年来，本应是代表老年病之一的颈椎病出现了低龄化的趋势，许多中小学生也不同程度上出现了颈椎病。颈椎病已经成为危害人们身体健康和生活质量的常见病，发病率达到了15%左右。强化我们“颈部关节”必须引起我们的高度重视!

一、不正确的颈部动作会带来什么问题

生活中引起颈部疼痛的原因大多是与不良的姿势有关，在这样的姿势下通常是过度的拉伸了颈部的韧带而产生的。这些姿势包括：长时间的不正确坐姿、睡觉时头部位置不当、长期的伏案工作等等。

由于各种不良的头部姿势而造成的问题一般表现为以下几种现象，第一是颈部有酸痛感，肌肉僵硬；第二是手或指尖有麻木感、针刺感；第三是感觉头痛并有眼力下降的现象；第四是剧烈的头痛、头晕恶心等严重的现象。这些问题都困扰着我们的正常生活和工作。

长期的不良睡姿和坐姿加剧了颈椎关节和肌肉退行性变而造成颈椎病，因此，有必要在日常的生活和工作中时刻提醒自己要保持正确的头部姿势，以及注重睡觉的姿势，尽量以仰卧位或侧卧位为主，并使用松软适中、适宜高度的枕头，有助于颈部肌肉的放松，从而有效地预防颈椎病。

通过对颈椎周围的小肌肉进行锻炼，同时，拉伸颈部的韧带。一方面可以增加颈椎的力量和稳定性，另一方面可以放松颈部周围的肌肉和韧带，提高活动的范围。

二、颈部关节是什么样的

颈部关节的脊椎被称为颈椎，共有7块颈椎一块一块摞在一起组成，在颈椎之间由椎间盘填充。颈部的活动范围是0～135°。可以进行左右旋转、屈伸，前后屈伸的大范围活动。颈椎支撑着我们的头部，并且可以进行各个方向的转动，以及根据本体感受器来调整身体的姿势，更重要的一点就是保护脊髓神经系统。

三、关于颈部常见的错误动作

我们从生活中的几个常见状态来看看都会发生哪些错误头部姿态吧?

图4–1.1　不良的坐姿

错误姿势：团坐在椅子或沙发上，身体成“弓”形，头过多地向前突出。

危害：这种姿势增大了颈椎后侧的韧带和肌肉的负担，并压迫神经，易出现颈部的劳损。

正确姿势：身体坐直，头控制在肩膀中间，避免头部前突。

图4–1.2　长时间的错误睡姿

错误姿势：睡觉时以卧姿为主，头歪向一侧，并长时间保持这一姿势。

危害：这种姿势除了增加了心脏的负担外，头长时间转向一侧，必然会过度牵拉另一侧的肌肉和韧带，而造成劳损。

正确姿势：侧躺或仰姿，并选用高度适宜的枕头。

第二节　缓解颈部酸痛的练习方法

颈部以小肌肉为主，并且神经和血管密集，所以在进行以下各种练习时应该缓慢柔和，避免有剧烈痛感的练习位置。如果在练习时，有头晕、恶心等不良反应时，应马上停止练习。

1. 直臂耸肩

【练习目的】

锻炼斜方肌上部、肩胛提肌和菱形肌上部。

【练习步骤】

（1）自然站立，挺胸抬头，双手置于体侧。

（2）动作开始时，双肩向上收紧，并在最高点保持2～3秒。

（3）最后缓慢放松还原。

【推荐练习量】

每日练习2～4组，每组10～15次。

图4-2.1.1　直臂

图4-2.1.2　耸肩

【健身贴士】

练习过程中动作要缓慢柔和，避免快速完成动作。

【进阶练习】

如果每日能轻松完成上述练习时可以双手持小哑铃或矿泉水瓶进行练习。

2. 直臂左右耸肩

【练习目的】

锻炼斜方肌上部、肩胛提肌和菱形肌上部。

【练习步骤】

（1）自然站立，挺胸抬头，双手置于体侧。

（2）动作开始时，双肩交替用力向上收紧，并在最高点保持2～3秒。

（3）最后缓慢放松还原。

图4-2.2.1　左耸肩

图4-2.2.2　右耸肩

【推荐练习量】

每日练习2～4组，每组10～15次。

【健身贴士】

练习过程中动作要缓慢柔和，避免快速完成动作。

【进阶练习】

如果每日能轻松完成上述练习时可以双手持小哑铃或矿泉水瓶进行练习。

3. 直臂后伸

【练习目的】

锻炼斜方肌下部和大、小菱形肌。

【练习步骤】

（1）自然站立，挺胸抬头，双手置于体侧。

（2）动作开始时双臂直臂向后向上伸展，掌心相对，保持2～3秒。

（3）最后缓慢放松还原。

图4–2.3.1　直臂后伸

【推荐练习量】

每日练习2～4组，每组10～15次。

【健身贴士】

练习过程中动作要缓慢柔和，避免快速完成动作。

【进阶练习】

如果每日能轻松完成上述练习时可以双手持小哑铃或矿泉水瓶进行

练习。

4. 抱头后张臂

【练习目的】

斜方肌下部和大、小菱形肌。

【练习步骤】

（1）自然站立，挺胸抬头，双手置于体侧。

（2）动作开始时双手交叉抱头，肘关节经前向后打开，至最远端。

（3）最后缓慢放松还原。

图4-2.4.1　抱头

图4-2.4.2　后张臂

【推荐练习量】

每日练习2～4组，每组10～15次。

【健身贴士】

练习过程中动作要缓慢柔和，避免快速完成动作。

5. 向后仰头

【练习目的】

锻炼胸锁乳突肌、头夹肌和头半棘肌。

【练习步骤】

（1）自然站立，挺胸抬头，双手置于体侧。

（2）动作开始时先向前低头再向后缓慢仰头伸展至最远端，保持2～3秒。

（3）最后缓慢放松还原。

图4-2.5.1　向前低头

图4-2.5.2　向后仰头

【推荐练习量】

每日练习2～4组，每组10～15次。

【健身贴士】

练习过程中动作要缓慢柔和，避免快速完成动作。

有颈部问题者，控制动作幅度在安全范围内。

6. 抱头后仰

【练习目的】

锻炼胸锁乳突肌、头夹肌和头半棘肌。

【练习步骤】

（1）自然站立，挺胸抬头，双手置于体侧。

（2）动作开始时双手交叉抱头向后缓慢抬头，双手施加适当阻力，至最远端。

（3）最后缓慢放松还原。

图4-2.6.1　抱头

图4-2.6.2　后仰

【推荐练习量】

每日练习2～4组，每组10～15次。

【健身贴士】

练习过程中动作要缓慢柔和，避免快速完成动作。

【进阶练习】

如果每日能轻松完成上述练习时可以增加弹力带进行练习。

7. 左右转头

【练习目的】

锻炼胸锁乳突肌、头夹肌和头半棘肌。

【练习步骤】

（1）自然站立，挺胸抬头，双手置于体侧。

（2）动作开始时头向一侧缓慢转动至最远端，保持2～3秒。

（3）最后缓慢放松还原。

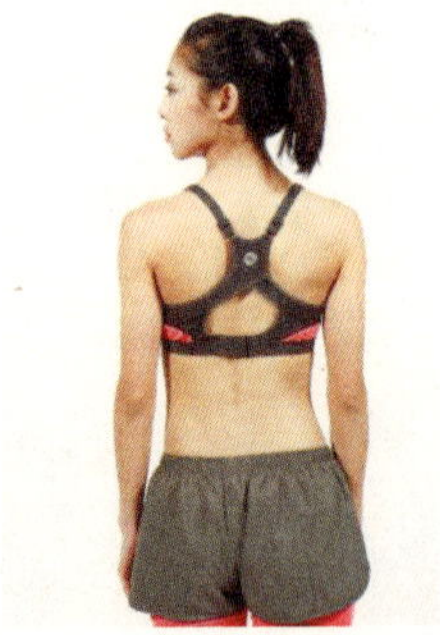

图4-2.7.1　左转头

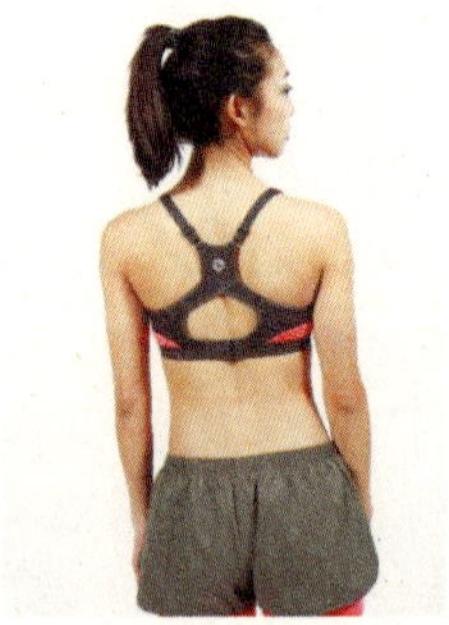

图4-2.7.2　右转头

【推荐练习量】

每日练习2～4组，每组10～15次。

【健身贴士】

练习过程中动作要缓慢柔和，避免快速完成动作。

8. 左右侧屈

【练习目的】

锻炼斜方肌上部、胸锁乳突肌、头夹肌和头半棘肌。

【练习步骤】

（1）自然站立，挺胸抬头，双手置于体侧。

（2）动作开始时头向一侧缓慢侧屈，至最远端，保持2～3秒。

（3）最后缓慢放松还原。

图4-2.8.1　右侧屈

图4-2.8.2　左侧屈

【推荐练习量】

每日练习2～4组，每组10～15次。

【健身贴士】

练习过程中动作要缓慢柔和，避免快速完成动作。

9. 前后摆头

【练习目的】

锻炼斜方肌上部、胸锁乳突肌、头夹肌和头半棘肌。

【练习步骤】

（1）自然站立，挺胸抬头，双肩张开，双手置于体侧。

（2）动作开始时头先向前伸出，至最远端。

（3）然后向后缓慢回到起始位。

图4-2.9.1　前摆头

图4-2.9.2　后摆头

【推荐练习量】

每日练习2～4组，每组10～15次。

【健身贴士】

练习过程中动作要缓慢柔和，避免快速完成动作。

第五章

拯救背部

导 语

在日常生活中，几乎所有的活动都需要你的背部提供正常的机能才能完成。所以，背部的疼痛不但会限制身体的活动，还会降低日常生活活动的能力；本章将带你了解是什么使背部产生酸痛，日常生活中保护背部需要注意哪些细枝末节；你还能从中学习到一些缓解背部酸痛的具体方法。

第一节　你应该知道的秘密

一、背部酸痛为什么总是挥之不去

通常我们将背部分为上背部和下背部，上背部是指颈部以下到第十二胸椎；下背部是指腰椎到骶骨。由此可知，上背部的酸痛多是颈部、肩部问题导致的，下背部酸痛则是腰、臀部问题导致的。

如果是以下一些问题：如背部某一部位持续的疼痛，无法缓解；剧烈疼痛，难以忍耐；肢体出现麻木、无力、无法支配、大小便失禁等情况，请找专业的医生确诊。

排除以上问题，你是不是经常感到背部的酸痛？从工作和生活中去找原因吧。

长久的伏案工作，并采用不正确的姿势。
经常搬运重物，不注意保护腰背部。
长时间看电视，并懒散地坐在沙发里。
长时间开车。
睡很软的床垫。
工作压力大，几乎不运动。
总是从事某一项运动。
坐、站、走的姿势不正确。
……

上面列出的各项如果有一项属于你，都会使你的背部承受很大压力，酸痛就是长期积累的结果。

二、改善腰背部问题有困难吗

其实，只要注意调整工作、生活中的一些细节，就可以预防和减轻背部的问题。不过，这是需要持之以恒，养成习惯的。让我们从最简单和最常见的开始吧。

（1）改变不良姿势，采用正确的坐、站、走姿势。

这几个姿势是我们日常生活中最常用的了。坐着的时候，要挺直上身，端正头部，让背部有所依靠，可以减轻对脊椎的压力。站着的时候，保持头部、颈部和背部竖直，骨盆中立，微微收腹收臀，可以减少背部的压力。走路时和站姿差不多，快走时可缩小步幅，加快步频，就能减少身体的前倾，减轻脊椎压力。

（2）用硬一些的床垫，坐高度合适的椅子。

硬一些的床垫可以保护脊椎，使之处于正确的姿势。高度合适的椅子，在大腿处有一些支撑，脚可以平放在地面，椅背的腰部加一个小垫子，能够支撑腰背，减轻脊椎压力。

（3）抬重物要屈膝，保持背部绷紧。

抬重物或捡东西时，最好弯曲膝盖，使受力区域主要集中在腿部，而不是背部。另外，让重物尽量靠近身体，后背挺直，肌肉绷紧，避免突然用力，可以有效减少腰椎突发问题。

（4）经常换肩背包，双肩背包要尽量贴近背部。

（5）擦地、扫地家务活，要经常换手，避免长时间弯腰。

（6）尽量少穿高跟鞋。

（7）适当锻炼。

进行一些背部、腹部的静力练习和伸展练习，有助于改善背部问题。轻松地走路、游泳等低强度运动，能够缓解背部酸痛。适宜的运动，还能够起到缓解压力的作用，同样也能减轻肩、背的疼痛。

第二节 缓解背部酸痛的方法

1. 站姿背拉伸

【练习目的】

增强背部肌肉。

【练习步骤】

站立，双脚略微分开，收腹，双手撑腰，吸气的同时，抬起下颌约45%，胸部向上挺起，腰部自然弯曲，保持2个自然呼吸，恢复站姿。（图5–1）

图5–1 站姿背拉伸

【推荐练习量】

每日练习2~4组，每组重复3~6次。

【健身贴士】

手部起支撑作用，臀部微微收紧，保护腰部，注意力集中在胸部的伸展。

2. 站姿绕臀

【练习目的】

伸展腰部肌肉，增强腹部肌肉，感受骨盆位置。

【练习步骤】

站立，双脚分开与肩同宽，双手放在髋部，臀部绕圈，膝盖微弯。（图5-2.1、图5-2.2）

图5-2.1　站姿绕臀1

图5-2.2　站姿绕臀2

【推荐练习量】

每日练习2～4组，每组重复3～6次。

【健身贴士】

臀部绕圈时，腹部收紧，范围不要过大。

3. 站姿抱膝

【练习目的】

拉伸臀部、腰部肌肉，增强腹部肌肉。

【练习步骤】

站立，双脚略分开，重心移至右腿，提起左膝，双手抱住膝盖下方，缓缓将大腿靠近腹部，放松，恢复站立姿势，换另一侧进行。（图5–3.1、图5–3.2）

图5–3.1　站姿抱膝1

图5–3.2　站姿抱膝2

【推荐练习量】

每日练习2～4组，每组重复2～4次。

每侧重复3次。

【健身贴士】

可以靠着墙壁练习，可以坐在椅子上练习。

注意展开双肩，收紧腹部，挺直背部。幅度以不感到疼痛为宜。

4. 半蹲分腿拉伸

【练习目的】

拉伸大腿内侧肌肉、腰背部肌肉，改善腰背僵硬。

【练习步骤】

站立，双脚分开，大于肩宽，脚尖朝外；直体向下蹲坐，双手支撑在膝盖上部；左手撑住左膝，左肩转向右膝方向，身体随转，头转向右侧，停留10～20秒；恢复蹲坐姿势，做另一侧练习。（图5–4）

图5–4　半蹲分腿拉伸

【推荐练习量】

每日练习2～4组，每组重复2～4次。

【健身贴士】

保持腰部姿态，收紧腹部肌肉。

如有困难，可以坐在椅子上练习。

5. 跪姿脊柱屈伸

【所需器械】

瑜伽垫。

【练习目的】

舒缓背部肌肉，增强脊柱活动能力。

【练习步骤】

跪姿，膝盖置于髋下方，双臂伸直，双手撑在垫子上，置于双肩下方。（图5–5.1）

轻轻地弓背，眼睛看向腹部。（图5–5.2）

然后回到起始姿势，伸展头部，臀部微微上翘。（图5–5.3）

图5–5.1　跪姿脊柱屈伸起始姿势

图5–5.2　跪姿脊柱屈伸中间姿势1

图5–5.3　跪姿脊柱屈伸中间姿势2

【推荐练习量】

每日练习2～4组，每组重复8～10次。

【健身贴士】

反复轻轻地活动腰背部，感觉舒适为度。

注意力集中在腰背部，感受脊柱的屈伸。

6. 仰卧抬肩

【所需器械】

瑜伽垫。

【练习目的】

增强腹部、腿部、背部肌肉。

【练习步骤】

平躺，双腿分开，脚趾指向天花板，双手放在髋部。抬起头和肩，保持姿势。（图5-6）

图5-6　仰卧抬肩

然后慢慢放低头部，收紧大腿和臀部并拢双腿。重复打开双腿、抬头，放低头部，并拢双腿的动作。

【推荐练习量】

每日练习2～4组，每组重复3～6次。

【健身贴士】

保持下背部贴紧地面。收紧臀部和腿部肌肉，可释放背部压力。

7. 俯卧并腿

【所需器械】

瑜伽垫。

【练习目的】

增强腹部、背部肌肉。

【练习步骤】

俯卧，双手置于头前两侧。抬起肩部和双腿，双脚脚跟互击。然后恢复俯卧姿势，放松。（图5-7）

图5-7　俯卧并腿

【推荐练习量】

每日练习2～4组，每组重复8～10次。

【健身贴士】

收紧腹部，夹紧臀部，增强练习效果。

8. 上背部放松

【所需器械】

瑜伽垫、泡沫轴。

【练习目的】

放松上背部肌肉。

【练习步骤】

仰卧，将泡沫轴放置在肩胛骨下方位置，双手抱头，肘打开，双腿屈膝，双脚平放地面。（图5-8.1）

图5-8.1 上背部放松起始姿势

双腿用力，膝关节伸展，带动身体上移，泡沫轴滚动到腰部上方。（图5-8.2）

图5-8.2 上背部放松结束姿势

【推荐练习量】

每日练习2～4组，每组重复8～10次。

【健身贴士】

腹部收紧，背部平直，平行于地面。

9. 胸部伸展

【所需器械】

瑜伽垫、泡沫轴。

【练习目的】

伸展胸部肌肉，缓解上背部疼痛。

【练习步骤】

仰卧，头、身体和臀部躺在泡沫轴上。双臂向上伸直，双手指向天花板，掌心相对。（图5–9.1）

呼气，双手向两侧打开，掌心向上，伸展胸部肌肉，停留两次呼吸。（图5–9.2）

图5–9.1　胸部伸展起始姿势

图5–9.2　胸部伸展

吸气回到起始位置。

【推荐练习量】

每日练习2～4组，每组重复8～10次。

【健身贴士】

保持头、背、臀部贴紧泡沫轴。肩部放松，收紧腹部。

10. 健身球伸展1

【所需器械】

健身球。

【练习目的】

伸展胸部肌肉，扩展胸腔。

【练习步骤】

坐于健身球上，双脚缓慢向前移动，直到把球移动到背部上半部分及颈部为止。

伸展双臂，使胸部扩张。（图5–10）

图5–10　健身球伸展1

保持这个姿势，呼吸5～10次。

然后将手放回球上，缓慢地移动双脚，直到恢复到初始姿势。

【推荐练习量】

每日练习2～4组，每次保持10～30秒。

【健身贴士】

头部和颈部应该有球的支撑力量，臀部与地板平行。膝部与身体成90°角。

11. 健身球伸展2

【所需器械】

健身球。

【练习目的】

拉伸背部肌肉。

【练习步骤】

俯卧在球上，将球滚动到大腿根，此时停止身体的移动，双手前伸，保持平衡，趴在球上，伸展背部肌肉。（图5-11）

图5-11　健身球伸展2

【推荐练习量】

每日练习2～4组，每次保持10～30秒。

【健身贴士】

注意动作要舒缓，充分放松背部。

12. 仰卧坐球转髋

【所需器械】

瑜伽垫、健身球。

【练习目的】

拉伸背部肌肉，扩大髋部左右侧活动度。

【练习步骤】

身体屈髋、屈膝呈坐姿仰卧于垫上，健身球位于大腿和小腿之间。

平躺，向右转髋，使大腿和小腿沿健身球向右侧旋转，旋转到最大幅度后回到起始位置，然后向左侧转髋，旋转到最大幅度后，回到起始位置。（图5–12.1、图5–12.2）

图5–12.1　仰卧坐球转髋起始动作

图5–12.2　仰卧坐球转髋中间动作

【推荐练习量】

每日练习2～4组，每组6～10次。

【健身贴士】

运动过程中，两肩关节不能离开地面，练习过程中动作要求缓慢，大腿和小腿始终接触健身球。

当转体至左侧或右侧时，可停留2～3秒，使下背部充分伸展。

第六章
拯救肩关节

导 语

肩关节是我们身体中最灵活的一个关节。在生活中，我们通过它可以做出上举、前后摆动、向内向外的旋转等许多的灵活的功能性动作。你知道吗？最灵活也就意味着最不稳定。在生活中，不正确的站姿和生活习惯，很容易使肩关节深层的小肌肉群受到损伤，最终导致肩关节的严重损伤。因此，我们针对肩关节的稳定性选择和设计了12种练习动作，帮助你稳定肩关节并缓解酸痛。

第一节　你应该知道的秘密

肩关节是我们身体中最灵活的关节，同时也是最薄弱的关节。在生活中，我们通过它可以做出上举、前后摆动、向内向外的旋转等许多的灵活动作，实现生活中的各种目的。但是我们也应该知道，由于骨骼结构的特点，肩关节是由肱骨头和肩胛窝构成，肩胛窝很浅，肱骨头与它的接触面积非常小，并且没有结构上的支撑，只是通过韧带和小肌肉群进行固定。这种解剖结构特点是灵活度大，但稳定性较差。肩关节损伤中，常常是一些小的肩关节肌肉群首先受到损伤，最终导致肩关节的严重损伤，如“习惯性肩关节脱位”这种严重现象。

肩关节是由肩胛骨、锁骨与肱骨三个骨骼组成。共有16组肌肉为肩关节提供固定和动作功能。其中，三角肌、胸大肌、斜方肌等是动力肌群；冈上肌、冈下肌、大圆肌、小圆肌等是固定肌群。

提高肩关节的稳定性，主要依靠关节周围的小肌肉群的功能作用。在生活中加强肩部小肌肉群的力量，对稳固肩关节防止损伤有积极意义。由于小肌群分别在肩关节的上部、前后部包裹，因此，肩关节的稳固性练习必须均衡地发展这几个方向的肌肉力量，避免出现某一侧的肌群力量过小，而出现肌肉力量失调。

第二节　缓解肩关节酸痛的练习方法

1. 肩关节外旋练习

【所需器械】

哑铃、弹力带或矿泉水瓶。

【练习目的】

锻炼肩关节冈上肌、冈下肌、大圆肌、小圆肌力量。

【练习步骤】

（1）身体自然站立，并保持正直。右手握弹力带，并屈肘成90°，置于体前。

（2）然后，右臂缓慢向后旋转，至最远端，保持1～2秒。

（3）最后，慢慢回到初始位置。

（4）右侧完成练习后，进行左侧的练习。

图6–2.1.1　初始位置

图6–2.1.2　远端

【推荐练习量】

每日练习2～4组，每组10～15次。

【健身贴士】

（1）主动发力时，动作要缓慢。

（2）回收动作时，仍要用力对抗弹力带的阻力。

（3）练习时，保持身体的直立。

【进阶练习】

如果每日能轻松完成上述练习时可以逐渐增加弹力带或是哑铃的重量。

2. 肩关节内旋练习

【所需器械】

哑铃、弹力带或矿泉水瓶。

【练习目的】

锻炼肩关节胸小肌、前踞肌力量。

【练习步骤】

（1）身体自然站立，并保持正直。将弹力带置于体侧，左手握弹力带，并屈肘成90°，置于体侧。

（2）然后，左臂缓慢向内旋转，至最远端，保持1～2秒。

（3）最后，慢慢回到初始位置。

（4）左侧完成练习后，进行右侧的练习。

图6-2.2.1　初始位置

图6-2.2.2　远端

【推荐练习量】

每日练习2～4组，每组10～15次。

【健身贴士】

（1）主动发力时，动作要缓慢。

（2）回收动作时，仍要用力对抗弹力带的阻力。

（3）练习时，保持身体的直立。

【进阶练习】

如果每日能轻松完成上述练习时可以逐渐增加弹力带的重量。

3. 曲肘前旋

【所需器械】

哑铃、弹力带或矿泉水瓶。

【练习目的】

锻炼肩关节胸小肌、前踞肌力量。

【练习步骤】

（1）身体自然站立，并保持正直。一侧手握弹力带，上臂侧平举，并屈肘成90°。

（2）然后，手握弹力带缓慢向前旋转，至最远端，保持1～2秒。

（3）最后，慢慢回到初始位置。

图6–2.3.1　初始位置

图6–2.3.2　远端

【推荐练习量】

每日练习2～4组，每组10～15次。

【健身贴士】

（1）主动发力时，动作要缓慢。

（2）回收动作时，仍要用力对抗弹力带的阻力。

（3）练习时，保持身体的直立。

【进阶练习】

如果每日能轻松完成上述练习时可以逐渐增加弹力带的拉力。

4. 斜上举练习

【所需器械】

哑铃、弹力带或矿泉水瓶。

【练习目的】

肩袖肌群和三角肌。

【练习步骤】

（1）双腿直立，膝部稍弯。

（2）一手叉腰，一手持哑铃贴于另一手上。

（3）持铃臂伸直，沿对角45° 向上举哑铃直至超过另一侧肩膀，拇指指向后方。

（4）该动作在最高点保持1～2秒钟，然后缓慢放下哑铃。

（5）换另一只手重复进行。

图6–2.4.1　初始位置

图6–2.4.2　远端

【推荐练习量】

每日练习2～4组，每组10～15次。

【健身贴士】

（1）主动发力时，动作要缓慢。

（2）回收动作时，仍要用力对抗哑铃或弹力带的阻力。

（3）练习时，保持身体的直立。

【进阶练习】

如果每日能轻松完成上述练习时可以逐渐增加哑铃等物的重量或弹力带的强度。

5. 直臂侧举

【所需器械】

哑铃、弹力带或矿泉水瓶。

【练习目的】

锻炼三角肌、肱三头肌。

【练习步骤】

（1）身体自然站立，并保持正直。两手握哑铃或弹力带或矿泉水瓶置于体侧。

（2）然后，手握哑铃或弹力带或矿泉水瓶缓慢侧平举，至与肩部平行，保持1～2秒。

（3）最后，慢慢回到初始位置。

图6-2.5.1　初始位置

图6-2.5.2　远端

【推荐练习量】

每日练习2～4组，每组10～15次。

【健身贴士】

（1）主动发力时，动作要缓慢。

（2）回收动作时，仍要用力对抗哑铃或弹力带的阻力。

（3）练习时，保持身体的直立。

【进阶练习】

如果每日能轻松完成上述练习时可以逐渐增加哑铃等物的重量。

6. 直臂前平举

【所需器械】

哑铃、弹力带或矿泉水瓶。

【练习目的】

锻炼三角肌前束、肱三头肌。

【练习步骤】

（1）身体自然站立，并保持正直。两手握哑铃或弹力带或矿泉水瓶置于体侧。

（2）然后，手握哑铃或弹力带或矿泉水瓶缓慢前平举，至与肩部平行，保持1～2秒。

（3）最后，慢慢回到初始位置。

图6-2.6.1　初始位置

图6-2.6.2　远端

【推荐练习量】

每日练习2～4组，每组10～15次。

【健身贴士】

（1）主动发力时，动作要缓慢。

（2）回收动作时，仍要用力对抗哑铃或弹力带的阻力。

（3）练习时，保持身体直立。

【进阶练习】

如果每日能轻松完成上述练习时可以逐渐增加哑铃等的重量。

7. 直臂后伸

【所需器械】

哑铃、弹力带或矿泉水瓶。

【练习目的】

锻炼三角肌后束，肱三头肌。

【练习步骤】

（1）自然站立，双膝微曲，躯干略向前倾。两手握哑铃或弹力带或矿泉水瓶置于体侧。

（2）然后，手握哑铃或弹力带或矿泉水瓶缓慢向后伸，至最远端，保持1～2秒。

（3）最后，慢慢回到初始位置。

图6-2.7.1　直臂后伸

【推荐练习量】

每日练习2～4组，每组10～15次。

【健身贴士】

（1）主动发力时，动作要缓慢。

（2）回收动作时，仍要用力对抗哑铃或弹力带的阻力。

（3）练习时，保持身体的直立。

【进阶练习】

如果每日能轻松完成上述练习时可以逐渐增加哑铃等的重量。

8. 颈后臂屈伸

【所需器械】

哑铃、弹力带或矿泉水瓶。

【练习目的】

锻炼肱三头肌、肩胛提肌、斜方肌上部。

【练习步骤】

（1）自然站立，两手握哑铃或弹力带或矿泉水瓶上举至头顶，并屈肘。

（2）然后手握哑铃或弹力带或矿泉水瓶缓慢向上举，至最远端，保持1～2秒。

（3）最后，慢慢回到初始位置。

图6–2.8.1　初始位置

图6–2.8.2　远端

【推荐练习量】

每日练习2～4组，每组10～15次。

【健身贴士】

（1）主动发力时，动作要缓慢。

（2）回收动作时，仍要用力对抗哑铃或弹力带的阻力。

（3）练习时，保持身体的直立。

【进阶练习】

如果每日能轻松完成上述练习时可以逐渐增加哑铃等的重量。

9. 俯身展臂

【所需器械】

哑铃、弹力带或矿泉水瓶。

【练习目的】

锻炼大圆肌、小圆肌、冈上肌、冈下肌、三角肌后束。

【练习步骤】

（1）俯身站立，两手握哑铃或弹力带或矿泉水瓶于体前，微屈肘。

（2）手握哑铃或弹力带或矿泉水瓶缓慢向上举，至与身体平行，保持1～2秒。

（3）最后，慢慢回到初始位置。

图6–2.9.1　初始位置

图6–2.9.2　远端

【推荐练习量】

每日练习2～4组，每组10～15次。

【健身贴士】

（1）主动发力时，动作要缓慢。

（2）回收动作时，仍要用力对抗哑铃或弹力带的阻力。

（3）练习时，保持身体的直立。

【进阶练习】

如果每日能轻松完成上述练习时可以逐渐增加哑铃等的重量。

10. 直臂上举

【所需器械】

哑铃、弹力带或矿泉水瓶。

【练习目的】

锻炼肩胛提肌、斜方肌上部、冈上肌。

【练习步骤】

（1）身体自然站立，并保持止直，双臂侧平举，并屈肘，双手持哑铃。

（2）然后，双手缓慢向上举至最高点，保持1～2秒。

（3）最后，慢慢回到初始位置。

图6–2.10.1　初始位置

图6–2.10.2　远端

【推荐练习量】

每日练习2～4组，每组10～15次。

【健身贴士】

（1）主动发力时，动作要缓慢。

（2）回收动作时，仍要用力对抗哑铃或弹力带的阻力。

（3）练习时，保持身体的直立。

【进阶练习】

如果每日能轻松完成上述练习时可以逐渐增加哑铃的重量。

11. 弹力带下拉

【所需器械】

弹力带。

【练习目的】

锻炼冈下肌、肩胛下肌、三角肌后束、大圆肌和小圆肌。

【练习步骤】

（1）身体自然站立，并保持正直，双臂侧举于头两侧，肘微屈，双手持弹力带。

（2）然后双臂缓慢下拉，至体侧。

（3）最后，慢慢回到初始位置。

图6-2.11.1　初始位置

图6-2.11.2　远端

【推荐练习量】

每日练习2～4组，每组10～15次。

【健身贴士】

（1）主动发力时，动作要缓慢。

（2）回收动作时，仍要用力对抗弹力带的阻力。

（3）练习时，保持身体的直立。

【进阶练习】

如果每日能轻松完成上述练习时可以逐渐增加弹力带的拉力。

12. 侧平举振臂

【所需器械】

无。

【练习目的】

锻炼冈下肌、肩胛下肌、三角肌后束、大圆肌和小圆肌。

【练习步骤】

（1）身体自然站立，并保持正直，双臂侧平举，双手伸直。

（2）然后，双臂小幅度的上下摆动，摆动幅度约为20° 。

（3）最后，慢慢回到初始位置。

图6–2.12.1　初始位置

图6–2.12.2　远端

【推荐练习量】

每日练习2～4组，每组10～15次。

【健身贴士】

（1）主动发力时，动作要缓慢。

（2）练习时，保持身体的直立。

【进阶练习】

如果每日能轻松完成上述练习时可以将上下振臂，变成前后振臂，或手持小哑铃完成练习。

第七章

拯救膝关节

导 语

膝关节是下肢的主要关节之一。在日常生活和工作中有许多下蹲的动作都是以膝关节的屈伸功能完成的，如捡拾物品和搬动重物。但我们有许多不正确的下蹲动作，如膝关节前突出、内扣等。这些动作都会加大膝关节周围韧带的压力，随着时间的积累易出现慢性劳损的问题。因此对于膝关节的力量练习首先要掌握正确的下蹲动作，然后结合我们设计的12种功能性力量练习方法来提高膝关节周围的肌肉力量，以加强关节的稳定性和缓解疼痛。

第一节　你应该知道的秘密

膝关节是人体构造复杂的关节之一，是人体的主要稳定支撑和运动关节。是由股胫关节和股髌关节两个环节共同构成的。膝关节主要生理活动为屈伸，范围为0°～150°，在屈伸过程中伴有轻度的内外旋转。由于是主要的运动关节，因此，易出现运动性的急性和慢性损伤。除去各种病理性的和运动创伤性的损伤外，慢性的关节炎症最为常见。

在日常生活中，不可避免的做各种下蹲的动作，最常见的就是上厕所和下蹲捡物品，也包括我们从事健身时提高下肢力量所涉及到的举杠铃、哑铃等练习动作。你有没有考虑过，自己的下蹲动作是否合理？是否是发生某些膝关节劳损的潜在风险动作呢？

膝关节的稳定性与牢固性都与关节周围的肌肉力量及其相互间协调作用直接相关，因此通过结合膝关节日常生活中的功能性动作的锻炼，加强膝关节周围肌肉群的力量练习和本体感觉练习，对稳固膝关节和防止运动损伤有积极意义。

一、不正确的下蹲动作会带来什么问题

通常，我们习惯的下蹲动作是膝盖向前突出，髋关节不弯曲，某些踝关节活动度受限的情况下，会把脚后跟抬起来。或是两个膝盖除了前突外，还会向内扣，两条腿挤在一起的方式，尤其是在负重的半蹲动作中更

是如此。

上述动作如果在生活或工作中经常出现就易出现膝盖磨损或是半月板的磨损，膝关节内外侧的副韧带也会因过度的牵张出现劳损的现象。膝关节出现这种损伤后，就会发生关节膨胀或是疼痛问题，从而影响到正常的站立、行走或是跑动等。随着人们年龄的增长，膝关节周围的肌肉力量就会自然的下降，就会加重关节内髌骨、半月板之间的磨损，在老年时期更易出现膝关节的慢性劳损问题。

二、常见错误的下蹲动作

我们从生活中的几个常见状态来看看都会发生哪些错误下蹲吧。

1. 前突式下蹲

图7–1.1　前突式下蹲

错误动作：下蹲时，两个膝盖向前突出，超过脚尖。

危害：这种姿势增大了膝盖（髌骨）的负担，股骨和胫骨会过度挤压膝盖。

正确姿势：下蹲时，屈膝屈髋，臀部后移，如同要坐在椅子上的动作，膝盖不可以超过脚尖。

2. 前突+内扣式下蹲

图7-1.2　前突+内扣式下蹲

错误动作：下蹲时，两个膝盖向前突出，超过脚尖，同时两膝内扣。

危害：这种姿势增大了膝盖（髌骨）的负担，股骨和胫骨会过度挤压膝盖，同时，对膝关节内外副韧带的压力也较大。

正确姿势：下蹲时，屈膝屈髋，臀部后移，如同要坐在椅子上的动作，膝盖不可以超过脚尖，同时膝关节外张。

第二节　缓解膝关节疼痛的方法

1. 直体半蹲

【所需器械】

无。

【练习目的】

锻炼双腿的股四头肌力量，学习正确的半蹲动作方法。

【练习步骤】

（1）身体自然站立，两腿分开与肩同宽或略宽，双脚微外分，双手置于体侧。

（2）动作开始时，依次弯曲膝、髋关节，上体要直，同时双臂抬起。

（3）下蹲至大腿与地面平行位置保持2～3秒，然后回到初始位置。

图7-2.1.1　初始位置

图7-2.1.2　远端

【推荐练习量】

每日练习2～4组，每组10～12次。

【健身贴士】

（1）进行动作时要缓慢，匀速。

（2）下蹲弯曲膝关节时，双膝不要超过脚尖或内扣。

（3）下蹲时，身体保持直立，目视前方。

【进阶练习】

如果每日能轻松完成上述练习时可以双手持小哑铃或矿泉水瓶进行练习。

2. 弓步半蹲

【所需器械】

无。

【练习目的】

强化锻炼单腿的股四头肌力量，以及平衡支撑能力。

【练习步骤】

（1）两腿前后开立，上身保持自然站立，双手叉腰，脚尖向前，身体重心保持在两腿之间。

（2）动作开始时，弯曲前腿的膝关节，缓慢下蹲，将身体的重量保持在前腿上。

（3）下蹲至大腿与地面平行位置保持2～3秒，然后回到初始位置。

图7-2.2.1　初始位置

图7-2.2.2　远端

【推荐练习量】

每日练习2～4组，每组10～12次。

【健身贴士】

（1）进行动作时要缓慢，柔和。

（2）下蹲弯曲膝关节时，不要出现前腿膝关节超过脚尖，或左右晃动的错误动作。

（3）单腿下蹲时，身体保持直立，目视前方。

【进阶练习】

如果每日能轻松完成上述练习时可以双手持小哑铃或矿泉水瓶进行练习。

3. 侧弓步半蹲

【所需器械】

无。

【练习目的】

强化锻炼单腿的股四头肌外侧力量，以及平衡支撑能力。

【练习步骤】

（1）两腿左右开立，两脚脚尖向前，上身保持自然站立，双臂前平举，身体重心保持在两腿之间。

（2）动作开始时，缓慢弯曲一侧腿的膝关节和髋关节，下蹲成侧弓步，同时将身体的重量继续保持在弯曲腿上。

（3）下蹲至大腿与地面平行位置保持2～3秒，然后回到初始位置。

图7–2.3.1　初始位置

图7–2.3.2　远端

【推荐练习量】

每日练习2～4组，每组10～12次。

【健身贴士】

（1）进行动作时要缓慢，柔和。

（2）下蹲弯曲膝关节时，不要出现前腿膝关节超过脚尖，或左右晃动的错误动作。

（3）下蹲时，身体保持直立，目视前方。

【进阶练习】

如果每日能轻松完成上述练习时可以双手持小哑铃或矿泉水瓶进行练习。

4. 交叉步半蹲

【所需器械】

无。

【练习目的】

强化锻炼单腿的股四头肌外侧力量，以及平衡支撑能力。

【练习步骤】

（1）两腿呈交叉步站立，上身保持自然站立，双手叉腰，两脚脚尖向前，身体重心保持在两腿之间。

（2）动作开始时，双膝弯曲降低身体重心，缓慢下蹲成交叉步半蹲。

（3）下蹲至最低的位置时保持2～3秒，然后回到初始位置。

图7–2.4.1　初始位置

图7–2.4.2　远端

【推荐练习量】

每日练习2～4组，每组10～12次。

【健身贴士】

（1）进行动作时要缓慢，柔和。

（2）下蹲弯曲膝关节时，不要出现膝关节超过脚尖，或前后晃动的错误动作。

（3）下蹲时，身体保持直立，目视前方。

【进阶练习】

如果每日能轻松完成上述练习时可以双手持小哑铃或矿泉水瓶进行练习。

5. 蹬台阶练习

【所需器械】

高度约有小腿长度一半的台阶或箱子。

【练习目的】

强化锻炼单腿的股四头肌力量，以及单腿平衡支撑能力。

【练习步骤】

（1）以右侧腿为例。

（2）面向箱子站立，右脚全脚掌完全放于箱子上。

（3）用右腿的力量向上蹬伸，不要跳跃或者借助后腿的蹬伸。

（4）身体保持直立，完成上台阶动作。

（5）先放下左腿，再放下右腿，完成一次动作。

（6）换腿重复进行练习。

图7–2.5.1　初始位置

图7–2.5.2　蹬伸

【推荐练习量】

每日练习2～4组，每组10～12次。

【健身贴士】

（1）完成动作时要缓慢，柔和。

（2）完成动作时身体正直。

（3）向下缓慢放腿。

【进阶练习】

如果每日能轻松完成上述练习时可以双手持小哑铃或矿泉水瓶进行练习。

6. 侧蹬台阶练习

【所需器械】

高度约有小腿长度一半的台阶或箱子。

【练习目的】

强化锻炼单腿的股四头肌外侧力量，以及单腿平衡支撑能力。

【练习步骤】

（1）以右侧腿为例。

（2）将右脚掌完全置于箱子上，左脚稍向外转，保护膝部。

（3）右腿向上蹬伸，不要跳跃或者借助左腿的蹬伸。

（4）身体直立，完成上台阶动作。

（5）先放下左腿，再放下右腿，完成一次动作。

（6）换腿重复进行练习。

图7–2.6.1　初始位置

图7–2.6.2　蹬伸

【推荐练习量】

每日练习2～4组，每组10～12次。

【健身贴士】

（1）完成动作时要缓慢，柔和。

（2）完成动作时身体正直。

（3）向下缓慢放腿。

【进阶练习】

如果每日能轻松完成上述练习时可以双手持小哑铃或矿泉水瓶进行练习。

7. 半蹲侧滑步练习

【所需器械】

无。

【练习目的】

强化锻炼单腿的股四头肌外侧力量，以及平衡支撑能力。

【练习步骤】

（1）半蹲姿势，身体直立，双脚与肩同宽。

（2）由半蹲姿势开始，右腿向右迈出一大步，身体重心置于左腿上。

（3）然后移动重心至右腿上，然后收回左腿。

（4）重复动作，完成练习。

图7－2.7.1　初始位置

图7－2.7.2　右侧滑步

图7-2.7.3　*左侧滑步*

图7-2.7.4　*初始位置*

【推荐练习量】

每日练习2～4组，每组10～12次。

【健身贴士】

（1）完成动作时要缓慢，柔和。

（2）下蹲弯曲膝关节时，不要出现前腿膝关节超过脚尖，或左右晃动的错误动作。

（3）侧向移动过程中，保持半蹲姿势，上身直立，目视前方。

【进阶练习】

如果每日能轻松完成上述练习时可以双手持小哑铃或矿泉水瓶进行练习。

8. 坐姿前伸膝

【所需器械】

椅子。

【练习目的】

强化锻炼单腿的股四头肌力量。

【练习步骤】

（1）坐在椅子上，身体保持直立，双手握住椅子面进行支撑。

（2）然后抬起小腿至膝关节完全伸展，并保持静力收缩2～3秒。

（3）缓慢放下小腿，回到初始位置，重复进行练习。

图7–2.8.1　初始位置

图7–2.8.2　前伸膝

【推荐练习量】

每日练习2～4组，每组10～12次。

【健身贴士】

完成动作时要缓慢，柔和。

【进阶练习】

如果每日能轻松完成上述练习时，可以用双脚夹住哑铃或矿泉水瓶，增加负重进行练习。

9. 站姿后屈腿

【所需器械】

弹力带。

【练习目的】

锻炼大腿后侧肌群力量。

【练习步骤】

（1）自然站立，身体平直，将弹力带绑在一侧腿上，另一侧脚踩住。

（2）然后向后抬起小腿至膝关节完全弯曲，并保持静力收缩2～3秒。

（3）缓慢放下小腿，回到初始位置，换另一侧腿练习。

图7–2.9.1　初始位置

图7–2.9.2　后屈腿

【推荐练习量】

每日练习2～4组，每组10～12次。

【健身贴士】

完成动作时要缓慢，柔和。

【进阶练习】

如果每日能轻松完成上述练习时可以用拉力更强一些的弹力带增加负重进行练习。

10. 单腿下蹲

【所需器械】

椅子。

【练习目的】

强化锻炼单腿的股四头肌力量，以及平衡支撑能力。

【练习步骤】

（1）单腿站立，脚尖向前，上身保持自然站立，双手扶在椅子背上。

（2）然后弯曲腿，屈髋，缓慢下蹲，将身体的重量保持在支撑腿上。

（3）尽量下蹲至最低点位置保持2～3秒，然后回到初始位置。

图7–2.10.1　初始位置

图7–2.10.2　单腿下蹲

图7–2.10.3　进阶练习

【推荐练习量】

每日练习2～4组，每组10～12次。

【健身贴士】

完成动作时要缓慢，柔和。

【进阶练习】

如果每日能轻松完成上述练习时可以在脚下增加平衡软垫等。

11. 俯身触摸练习

【所需器械】

标志物。

【练习目的】

提高单下肢和躯干核心区的稳定性和协调性。

【练习步骤】

（1）在练习者正前方、左前方、右前方分别放置三个标志物，放置距离约为练习者俯身即可摸到的位置。

（2）练习者单脚站立，头部正直，背部挺直，尽量保持稳定。

（3）然后练习者俯身分别用手指触及标志物。

（4）一侧腿练习结束后另侧腿重复以上练习。

图7-2.11.1　俯身触摸第一个标志物

图7-2.11.2　俯身触摸第二个标志物

图7-2.11.3　俯身触摸第三个标志物

图7-2.11.4　进阶练习

【推荐练习量】

每日练习2～4组，每组10～12次。

【健身贴士】

（1）抬头，背部挺直，尽量保持稳定。

（2）支撑腿膝关节弯曲，保持稳定。

【进阶练习】

如果每日能轻松完成上述练习时，可以逐渐增大练习者与标志物的距离进行练习。

12. 单脚前触练习

【所需器械】

标志物。

【练习目的】

提高单下肢和躯干核心区的稳定性和协调性。

【练习步骤】

（1）在练习者正前方、左前方、右前方分别放置三个标志物，放置距离约为练习者俯身即可摸到的位置。

（2）练习者单脚站立，头部正直，背部挺直，尽量保持稳定。

（3）然后练习者另侧腿的脚跟部触及标志物。

（4）一侧腿练习结束后另侧腿重复以上练习。

图7-2.12.1　单脚前触第一个标志物

图7-2.12.2　单脚前触第二个标志物

图7-2.12.3　单脚前触
第三个标志物

图7-2.11.4　进阶练习

【推荐练习量】

每口练习2～4组，每组10～12次。

【健身贴士】

（1）抬头，背部挺直，尽量保持稳定。

（2）支撑腿膝关节弯曲，保持稳定。

【进阶练习】

如果每日能轻松完成上述练习时，可以逐渐增大练习者与标志物的距离，还可以在脚下增加平衡软垫进行练习。

第八章

获得力量

导 语

也许你从未想过自己也能“举重若轻”。也许你觉得力量练习太枯燥、太麻烦、会把自己变成“肌肉娃娃”，可事实并非如此，大量可靠的证据表明，力量练习对人体有非常积极的作用，是保持活力、提高生活工作能力的重要途径。在本章中，首先会列举几条力量练习的作用，告诉你力量到底能够带给我们什么，还会交给你针对上肢、核心和下肢的练习方法。如果你现在想改变了，请仔细阅读本章!

本章个别练习有一定难度，需要一定的力量基础，初练者请先从徒手练习开始，逐渐增加难度。

第一节　你应该知道的秘密

一、如何保持肌肉强健

不锻炼的人会随着体力劳动下降而逐渐使自己的肌肉萎缩，并随着年龄的增长，体力会逐年下降，有些人到了老年甚至连5公斤的东西都无法提起，比如一个装满水的水壶或是一个盛满水果的果盘。随着电子文明的发展，这种渐趋于羸弱的倾向可能会很早，甚至从你20多岁时就开始了。当你拿起一个水果罐头却发现你无法拧开时，当你的小孩子想让你抱起你却没法办到时，当你走上飞机你却发现无法将你的行李放在行李架上时，那么是该进行力量练习来锻炼自己肌肉的时候了。

幸运的是，随着年龄的增长，力量练习确实最容易保持住、甚至提高你的生理机能，让你的日常生活更有质量。一项研究表明，通过力量练习，大多数老年人（研究对象包括96岁高龄的老人）能够把他们的肌肉力量提高两倍，甚至三倍。

二、如何保持骨骼健康

大多数人的骨骼都是健康的、坚固的、致密的。但是到了35岁左右，大多数人，也包括男士，就会以每年0.5%到1%的速度开始丧失骨质（对于女性来说，更年期过后的头5年中，骨质流失会加速到每年1%到2%）。但如果你把一切做的得当，你就能极大地降低骨质流失的速度——可以降低约50%。如果你已经丧失了很多骨质，你也能通过锻炼补回一些。仅仅力量练习一项不能阻止骨质流失，但它却能起到很大的辅助作用。同样起着重要作用的还有钙、维生素D和有氧运动。

强壮的肌肉和强健的骨骼是相辅相成的，你能举起的重量越大，你的骨骼所能承受的压力就越大；反过来，这种压力正好有利于肌肉和骨骼的进一步增长。

三、如何防止受伤

如果你的力量足够大，你就不容易受伤，自然也不容易在爬山时，一不小心扭伤脚踝。另外，你也会有更好的平衡感和很踏实的感觉，不会在和朋友踢足球或打篮球时被撞得人仰马翻。

四、怎样才能更有型

有氧练习（慢跑、游泳）可以消耗大量能量从而减掉你的脂肪，但是力量练习可以塑造你的身形。想象一下，作为一个男生，你和朋友去海边打沙排，厚实的胸肌和浑圆的臂膀，不仅提高你的表现，更会吸引足够的眼球，作为一个女生，匀称紧致的身材肯定会让你的回头率直线攀升。拥有强壮的腹肌和背肌，即使有一点脂肪，你也将站得更挺拔，看起来更有型。

五、力量练习能够加速新陈代谢吗

新陈代谢是近些日子出现在减肥班的一个新名词。有些人会相信靠一些药物来增加新陈代谢的说法，但这其实是无效的。能够促进新陈代谢的方式是锻炼你的肌肉，而力量练习则是最有效的肌肉锻炼方式。

我们应该弄清什么是新陈代谢？新陈代谢是指在既定时间内你的身体所燃烧的热量。提高新陈代谢率意味着你每天燃烧掉的热量会更多。每增加1斤的肌肉，你的身体就可以每天多消耗30～50卡路里的热量，你可能会觉得这很少，因为几颗巧克力就会把这多消耗的卡路里补回来，但从长远看，所增加的这一点新陈代谢量却是很可观的。计算一下每天多消耗40卡路里，一年就是14600卡路里的热量——相当于足足减掉了近5斤的体重。再试想，如果你多增加5斤肌肉，你一天就能多燃烧掉150~250卡路里的热量！

通过以上力量练习所带来的好处的介绍，你动心了吗？赶紧动手吧！而且不必非要去健身房，在自己家里，通过自重或简单的小器械一样可以达到健身和提高力量的效果。现在开始吧！

第二节　提高肌肉力量的练习方法

1. 俯卧撑

图8–1.1　俯卧撑

【所需器械】

垫子。

【练习目的】

提高上肢推撑力量，增强核心肌群力量，改善核心及肩关节稳定性。

【练习步骤】

（1）练习者俯撑，双手与肩同宽，双脚脚尖着地（女性或老年人双膝着地），身体保持平直。

（2）完成标准俯卧撑，下落至胸部接近地面或垫子即可，然后推起至臂伸直。

【推荐练习量】

每日练习2～3组，每组8～12次。

【健身贴士】

俯卧撑要标准，身体保持平直，下放时胸部接近地面。

【进阶练习】

进阶练习1：俯卧撑抬单臂

练习者完成俯卧撑过程中，每次推起至最高点时，向前上抬起一侧手臂，双臂交替抬起。

图8–1.2 俯卧撑抬单臂

进阶练习2：俯卧撑举单腿

练习者完成俯卧撑过程中，每次推起至最高点时，向后上举单腿（女性或老年人屈膝完成时，将单腿伸直同时脚尖离地即可），双腿交替抬起。

图8–1.3　俯卧撑举单腿

2. 哑铃肩屈伸

图8–2.1　初始位置

图8–2.2　肩屈伸

【所需器械】

哑铃。

【练习目的】

提高肩带周围肌群力量，改善核心及下肢支撑稳定性。

【练习步骤】

（1）练习者双手持适当重量的哑铃，双腿成弓步站立，躯干与后侧腿在同一平面，与弓步腿同侧的手持哑铃放于弓步大腿上，另一侧手臂（练习臂）保持肘关节微屈。

（2）练习时，练习臂保持屈臂角度，向前抬起完成肩屈伸练习，动作在练习者肩关节柔韧性允许的范围内进行。

【推荐练习量】

每日练习2～3组，每组8～12次。

【健身贴士】

练习时，身体姿势保持稳定，躯干适当收紧，不能晃动或松垮；练习者手臂屈曲。

【进阶练习】

为提高动作难度，练习者可将练习侧手臂肘关节的角度加大来进行肩屈伸练习，但不要完全伸直。

3. 哑铃肩上举

图8–3.1　初始位置

图8–3.2　肩上举

【所需器械】

哑铃。

【练习目的】

提高肩带周围肌群力量，改善核心及下肢支撑稳定性。

【练习步骤】

（1）练习者双手持适当重量的哑铃于肩上，双腿同肩宽站立，膝微屈，躯干挺直略微前倾。

（2）练习时，练习者双臂交替上举哑铃，身体姿势保持稳定，躯干不能晃动或松垮。

【推荐练习量】

每侧手臂每日练习2～3组，每组8～12次。

【健身贴士】

练习时，身体姿势保持稳定，躯干适当收紧，不能晃动或松垮；哑铃下落时控制速度，以免造成损伤。

【进阶练习】

进阶练习1：Y形举

Y形举时，身体姿势与肩上举相同，手心向内，双臂上举方向由垂直上举变为交替斜上举。

图8–3.3　初始位置

图8–3.4　Y型举

进阶练习2：转体斜上举

斜上举时，身体先向一侧转体，身体重心落在前腿上，支撑腿对侧手臂完成前上举，然后转身换另一侧手臂完成上举，双臂交替进行。

图8-3.5　初始位置

图8-3.6　转体斜上举

4. 俯姿肩部复合运动

图8-4.1　初始位置

图8-4.2　上提

图8–4.3　提至肩上方

图8–4.4　提至头上头

【所需器械】

哑铃。

【练习目的】

提高肩关节肌群力量，改善肩关节稳定性。

【练习步骤】

（1）练习者双脚开立，半蹲，同时躯干前倾，双手持哑铃，双臂自然下垂。

（2）练习时，练习者保持下肢及躯干支撑并维持稳定，首先上提双肘至上臂与肩平，然后旋转前臂至与头颈平行，最后充分伸展上臂和前臂，动作结束后按相反顺序，缓慢还原成初始位置。

【推荐练习量】

每日练习2～3组，每组8～12次。

【健身贴士】

（1）练习时，身体姿势保持稳定，躯干前倾挺直，保持姿势稳定。

（2）动作过程中若肩部出现疼痛或不适，不宜采用该动作。

5. 屈膝卷腹

图8-5.1　屈膝

图8-5.2　卷腹

【所需器械】

垫子。

【练习目的】

提高腹直肌力量，尤其是腹直肌上部力量，改善核心稳定性。

【练习步骤】

（1）练习者仰卧于垫上，双腿并拢，屈膝、屈髋均90°，双手抱头，双手着垫。

（2）练习时，腹直肌发力，躯干向上卷腹至最大幅度为止，缓慢还原成起始动作。

【推荐练习量】

每日练习2～3组，每组12～15次。

【健身贴士】

练习时，保持髋、膝角度，应该卷腹完成动作。

6. 仰卧转髋

图8-6.1　仰卧

图8-6.2　转髋

【所需器械】

垫子、能量球。

【练习目的】

提高腹斜肌力量，改善核心稳定性。

【练习步骤】

（1）练习者仰卧于垫上，双腿并拢，屈膝、屈髋均90°，双手水平放于躯干两侧。

（2）练习时，腹斜肌发力，双腿连续完成左右扭转。

【推荐练习量】

每日练习2～3组，每组12～15次。

【健身贴士】

（1）转髋时，保持双腿并拢，并保持髋、膝角度。

（2）双手着垫，保持身体平衡。

【进阶练习】

为提高动作难度，练习时，练习者可选择一个适当重量的能量球夹于双膝间，来完成左右转体练习。

7. 仰卧伸腿

图8-7.1　仰卧

图8-7.2　伸腿

【所需器械】

垫子。

【练习目的】

提高腹直肌及屈髋肌群力量，改善核心稳定性。

【练习步骤】

（1）练习者仰卧于垫上，双腿并拢，屈膝、屈髋约90°，双手水平放于躯干两侧。

（2）练习时，练习者依次完成伸髋伸膝和屈髋屈膝。

【推荐练习量】

每日练习2～3组，每组12～15次。

【健身贴士】

（1）伸髋伸膝和屈髋屈膝，保持双腿并拢。

（2）双手着垫，保持身体平衡。

8. 俯卧健身球对侧伸展

图8–8.1　俯卧健身球

图8–8.2　对侧伸展

【所需器械】

健身球。

【练习目的】

提高肩背肌及伸髋肌群力量，改善核心稳定性。

【练习步骤】

（1）练习者俯卧于健身球上，双膝伸直脚尖着地，双脚与髋同宽，双手与肩同宽。

（2）练习时，练习者左腿和右臂抬起同时充分伸展，伸展至手臂、躯干与腿呈一条直线，然后还原成初始动作，换右腿和左臂进行。

【推荐练习量】

每日练习2～3组，每组12～15次。

【健身贴士】

手臂和腿完成伸展时，身体躯干保持平衡稳定，不能扭转或晃动。

9. 能量球坐姿转体

图8–9.1　坐姿

图8–9.2　转体

【所需器械】

能量球。

【练习目的】

提高核心肌群力量，改善核心及肩关节稳定性。

【练习步骤】

（1）练习者屈膝坐于垫上，双手持能量球，双脚着地，躯干向后仰至自己能够控制的最大幅度。

（2）练习时，练习者持能量球连续左右转体，能量球尽量每次接触垫子。

【推荐练习量】

每日练习2～3组，每组12～15次。

【健身贴士】

练习时，躯干后仰至自己能够控制的最大幅度，收紧腹肌，保持身体平衡。

【进阶练习】

为了提高动作难度，练习者可将双脚抬起离垫，同时腹肌收紧，臀部着垫，保持身体平衡，完成持球左右转动练习。

图8–9.3　初始位置

图8–9.4　向左转动

若再提高动作难度，练习者可将双腿伸直，同时腹肌收紧，臀部着垫，保持身体平衡，完成持球左右转动练习。

图8–9.5　初始位置

图8–9.6　向左转动

10. 站姿四向转体

图8-10.1　左下转体

图8-10.2　右下转体

图8-10.3　左上转体

图8-10.4　右上转体

【所需器械】

能量球。

【练习目的】

增强核心及肩带肌群肌力,改善核心及肩关节稳定性。

【练习步骤】

（1）练习者选择合适重量的能量球，双脚开立与肩同宽或比肩稍宽，双臂自然下垂，双手持球。

（2）练习时，膝关节保持微屈，双臂持球依次完成左下、右下、左上、右上转体动作，脊柱水平旋转，躯干不能前后或侧倾。

【推荐练习量】

完成四个方向转体为1次，连续完成3~5次为1组，每日练习2~3组。

【动作要点】

（1）膝关节保持微屈。

（2）转体时，核心保持稳定，髋关节及膝关节不能随转体动作晃动。

（3）下方动作以球与骨盆高度为准，上方动作以球与肩持平为准。

11. 俯卧挺身

图8-11.1　俯卧

图8-11.2　挺身

【所需器械】

健身球。

【练习目的】

提高背肌及伸髋肌群力量，改善核心稳定性。

【练习步骤】

（1）练习者俯卧于健身球上，调整健身球位置，使健身球垫于腰腹下面，双脚抵在墙根上或让其他人按住脚踝，双手抱头，双肘打开。

（2）练习时，练习者连续完成挺身背起练习。

【推荐练习量】

每日练习2～3组，每组12～15次。

【健身贴士】

（1）练习时，背肌及伸髋肌群一定要充分收缩，保证练习的质量。

（2）根据练习者能力，可调整健身球的位置，能力强者可以将健身球靠近腿部。

12. 反式挺身

图8-12.1　俯卧

图8-12.2　反式挺身

【所需器械】

健身球。

【练习目的】

提高背肌及伸髋肌群力量，改善核心稳定性。

【练习步骤】

（1）练习者俯卧于健身球上，调整健身球位置，使健身球垫于腰腹及大腿下面，双肘屈曲撑于垫上。

（2）练习时，练习者连续完成反式挺身，动作结束时身体应挺直或有一定程度的背弓。

【推荐练习量】

每日练习2～3组，每组12～15次。

【健身贴士】

（1）练习时，背肌及伸髋肌群一定要充分收缩，保证练习的质量。

（2）向下放腿时，控制速度，防止练习者靠健身球的弹性完成举腿，而降低练习效果。

13. 弓步蹲起

图8–13.1　交替前弓步蹲起

图8–13.2　交替侧弓步蹲起

【所需器械】

哑铃。

【练习目的】

提高下肢蹬伸力量，改善下肢各关节协调发力能力和支撑稳定性。

【练习步骤】

（1）练习者双手抱头，双肘打开，练习时依次完成交替前弓步蹲起和交替侧弓步蹲起。

（2）前弓步蹲起时，步子不要迈得过大，以蹲至最低位置时两条腿的大小腿呈90° 夹角为宜，前腿膝盖垂点不能超过脚尖，后腿膝盖不能碰地；侧弓步蹲起时，下蹲幅度依自己能力而定，非支撑腿伸直，全脚掌着地。

【推荐练习量】

4个动作为1次，完成3～5次为1组，每日进行2～3组。

【健身贴士】

（1）练习者练习时，一定要保持脊柱的正常生理弯曲，不能出现弓背姿势。

（2）下蹲时，膝盖垂点不能超过脚尖，蹲起时伸髋与伸膝肌群协同发力。

【进阶练习】

为了增加动作难度，可在完成以上动作过程中，双手持合适重量的哑铃进行练习。练习时，双臂持哑铃自然垂于体侧。

图8-13.3　双臂持哑铃交替前弓步蹲起

图8-13.4　双臂持哑铃交替侧弓步蹲起

14. 髋部力量组合

图8-14.1　提膝前摆

图8-14.2　大腿外展

图8-14.3　后摆腿

图8-14.4　大腿内收

【所需器械】

弹力带。

【练习目的】

提高髋关节周围肌群力量，改善髋关节的稳定性。

【练习步骤】

（1）练习者选择合适强度的弹力带，弹力带一端固定在地面的固定物上，另一端固定在练习者一侧腿的脚踝上。

（2）练习时，练习者双手叉腰，先背对固定点完成提膝前摆，然后转体90°，完成大腿外展（外摆腿），再转体90°，完成后摆腿，最后再转体90°，完成大腿内收（内摆腿）。

【推荐练习量】

每个动作完成6～8次，然后换腿进行，两侧腿各完成一轮为一组，每日进行2～3组。

【健身贴士】

（1）练习时，练习者应努力保持身体平衡，如果实在无法自己保持平衡，可借助固定物保持身体平衡。

（2）练习时，要求动作“快起慢放”，一方面为了维持平衡，一方面提高练习效果。

【进阶练习】

为了增加动作难度，可增加弹力带的强度。

15. 单腿外展

图8-15.1　初始位置

图8-15.2　单膝内收外展

【所需器械】

迷你弹力带。

【练习目的】

提高臀肌尤其是臀中肌的力量，改善下肢支撑稳定性。

【练习步骤】

（1）练习者选择合适强度的迷你弹力带，套于双膝处，双腿开立同肩宽或比肩稍宽，屈膝半蹲，双手叉腰。

（2）练习时，练习者依次完成单膝内收外展动作，练习腿的脚掌不能出现内外翻。

【推荐练习量】

每侧腿每日练习2～3组，每组12～15次。

【健身贴士】

（1）练习者保持脊柱的正常生理弯曲，半蹲膝盖垂点不能超过脚尖，练习腿的脚掌不能出现内外翻。

（2）臀肌发力，动作要求“慢合快张”，以提高练习效果。

【进阶练习】

为了增加动作难度，可增加迷你弹力带的强度。

16. 半蹲前后移

图8–16.1　初始位置

图8–16.2　半蹲前移

【所需器械】

迷你弹力带。

【练习目的】

提高下肢肌群尤其是髋部的力量，改善下肢支撑稳定性。

【练习步骤】

（1）练习者选择合适强度的迷你弹力带，套于双踝处，双腿开立同肩宽或比肩稍宽，屈膝半蹲，双手叉腰。

（2）练习时，练习者依次完成半蹲前移和半蹲后移动作，练习时保持重心的稳定，不能出现明显上下起伏。

【推荐练习量】

前后各移动8～12步次为1组，每日练习2～3组。

【健身贴士】

（1）练习者保持脊柱的正常生理弯曲，半蹲膝盖垂点不能超过脚尖。

（2）练习时保持重心的稳定，不能出现明显上下起伏。

（3）前后移动时，保持膝关节的外张状态，不能出现膝关节内扣动作。

【进阶练习】

为了增加动作难度，可增加迷你弹力带的强度。

17. 半蹲左右移

图8-17.1　初始位置

图8-17.2　半蹲右移

【所需器械】

迷你弹力带。

【练习目的】

提高下肢肌群尤其是臀肌的力量，改善下肢支撑稳定性。

【练习步骤】

（1）练习者选择合适强度的迷你弹力带，套于双踝处，双腿开立同肩宽或比肩稍宽，屈膝半蹲，双手叉腰。

（2）练习时，练习者依次完成半蹲左侧滑步和半蹲右侧滑步动作，练习时保持重心的稳定，不能出现明显上下起伏。

【推荐练习量】

前后各移动8～12步次为1组，每日练习2～3组。

【健身贴士】

（1）练习者保持脊柱的正常生理弯曲，半蹲膝盖垂点不能超过脚尖。

（2）练习时保持重心的稳定，不能出现明显上下起伏。

（3）向一侧滑步时，另一侧腿主动蹬伸发力，来驱动侧向滑动。

（4）滑步移动时，保持膝关节的外张状态，不能出现膝关节内扣动作。

【进阶练习】

为了增加动作难度，可增加迷你弹力带的强度。

18. 前后分腿侧移

图8-18.1　初始位置

图8-18.2　前后分腿侧移

【所需器械】

迷你弹力带。

【练习目的】

提高下肢肌群尤其是臀肌的力量，改善下肢支撑稳定性。

【练习步骤】

（1）练习者选择合适强度的迷你弹力带，套于双踝处，双腿前后开立，屈膝半蹲，双手叉腰。

（2）练习时，练习者依次完成半蹲左侧移步和半蹲右侧移步动作，然后交换两腿的前后位置，再次完成半蹲左侧移步和半蹲右侧移步动作。保持重心在两腿之间，移动时重心不能出现明显上下起伏。

【推荐练习量】

双腿交替进行，每侧腿左右各移动8～12步次为1组，每日练习2～3组。

【健身贴士】

（1）练习者保持脊柱的正常生理弯曲，半蹲膝盖垂点不能超过脚尖。

（2）保持重心在两腿之间，移动时重心不能出现明显上下起伏。

（3）向一侧滑步时，另一侧腿主动蹬伸发力，来驱动侧向滑动。

（4）侧向移动时，保持膝关节的外张状态，不能出现膝关节内扣动作。

【进阶练习】

为了增加动作难度，可增加迷你弹力带的强度。

第九章

提高全身运动效率

导 语

进入健身房，我们经常可以看到人们坐在组合器械上，用一种与日常生活中完全见不到的方式进行锻炼，而在现实日常生活中，你看到过多少单一肌群或单个关节的运动？假如我们把人体的各个关节想象成一个链条，单一环节的强化会使我们整个链条变得更加坚固吗？会提高和改善我们全身的运动效率吗？会提高我们日常生活的质量吗？我想你的答案也一定是否定的。在本章中，我们会告诉你什么样的练习可以改善我们的全身运动效率，还会交给你一些非常简单易行的练习方法。如果你想改变了，请仔细阅读本章！

本章练习有一定难度，初练者请先从徒手动作练起，逐渐增加难度。

第一节 你应该知道的秘密

通过孤立的动作练习单块肌肉或某一肌群，更利于单块肌肉的生长，但是如果不注意整体动作的练习，往往局部肌肉过于发达反而不利于运动链的流畅用力，有可能降低日常生活活动的质量，表现出肌肉僵硬和动作不协调。我们经常看到一些肌肉发达的健美运动员走起路来僵硬，缺乏弹性和灵活度。举个例子，一个人可以坐在组合机械上高拉80公斤，却很难双手握着一个斧头将一段木头劈开，因为劈木头是全身肌肉参与的动作，它需要下肢稳定的支撑、腹背肌群参与传递和协同发力，而不单单需要上肢和肩带肌群的力量就可以完成的。

这时，我们应采用提高我们全身运动效率的功能性健身方法来提高我们的日常生活的质量！那么这种练习到底需要注意什么呢？要注意三点，这三点也是功能性健身方法的精髓所在，即躯干参与、全身运动和多平面(多维)运动形式。

人体就像一部汽车，运动时，我们有些肌肉是“油门”，而有些肌肉则是“刹车”，但它们都通过“离合器”来实现汽车的快和慢。而我们的躯干肌群常常在人体运动过程中或起动、或制动时扮演“离合器”的角色。“离合器”在汽车行进过程中是一个幕后者，但如何有效率地使用它是决定一个司机驾驶水平的关键。连接全身运动就像连接汽车各个部件的连接链，如果哪一个环节出现问题，必定导致汽车不能快速稳定地行进。三平面的运动就像汽车的方向盘，我们可以向前或向后行进，改变方向从一边向另一边行进，也可以绕圈道转圈行进。

总结一下这三点：要想提高我们全身的运动效率，第一，注重平衡控制和本体感受，强调身体躯干核心部位的控制、平衡和稳定。身体躯干的平衡稳定性必须优先于身体四肢力量的发展。在人体运动过程中躯干的核心区域既是发力的源点，又发挥着承上启下的枢纽和桥梁作用，该环节的稳定与否，不但影响四肢动作用力的支点是否牢固，还控制着动作表现和身体姿态的稳定性。核心区力量可以改善近端固定的稳定性， 提高末端肌肉的发力，提高不同肌肉之间的协作，以及动员全身不同环节的力量有序地参与运动，加大总体能量的输出。第二，功能性健身方法强调全身动作的一体化和控制下的动态平衡性。在我们日常生活中极少有一个动作是单独由一块肌肉发力所能完成的。第三，功能性健身方法强调多平面的练习。无论是在日常生活中还是在竞技运动中，绝大多数动作都不是在单一平面完成的，而是在两个或三个基本面上完成的。

第二节　改善全身运动效率的练习方法

1. 蹲起上举

图9–1.1　初始位置

图9–1.2　下蹲

图9–1.3　上举

【所需器械】

能量球。

【练习目的】

增强上肢及腿部力量，改善上下肢动作协调性。

【练习步骤】

（1）练习者选择合适重量的能量球，双脚并拢，双臂屈曲，双手持球于胸前。

（2）练习时，左跨步，下蹲同时向下推球，下蹲至球触地，站起收左腿，同时向上举能量球至手臂伸直；然后右跨步，完成相同动作。

【推荐练习量】

左右为一次，完成6～8次为1组，每日进行2～3组。

【健身贴士】

（1）跨步宽度比肩宽，下蹲时膝盖垂线不能超过脚尖，下蹲至球触地。

（2）球的运动轨迹为直线，下推时，双肘外张，同时双手指尖向上改为向下，继续下推至球触地。

（3）动作过程中，头保持正直，眼视前方。

2. 弓步转体

图9-2.1　初始位置

图9-2.2　弓步

图9-2.3　转身

【所需器械】

能量球。

【练习目的】

增强下肢蹬伸肌群、肩带肌群及核心肌群力量，改善上下肢及核心动作协调性。

【练习步骤】

（1）练习者选择合适重量的能量球，双脚并拢，双手持球。

（2）练习时，左脚前跨呈弓步，同时持能量球直臂前平举，然后向左侧水平转体，然后按照相反的动作顺序还原成初始动作。换方向进行相同动作练习。

【推荐练习量】

左右为一次，完成6～8次为1组，每日进行2～3组。

【健身贴士】

（1）跨步成弓步动作，前腿屈曲膝盖不能超过脚尖，后腿屈曲大小腿呈90°。

（2）转体时，躯干水平转动，同时保持肩水平。

3. 臂腿相向运动

图9–3.1　初始位置

图9–3.2　提膝平举

【所需器械】

能量球。

【练习目的】

增强髋屈肌和肩伸肌群肌力，改善上下肢动作协调性。

【方法步骤】

（1）练习者选择合适重量的能量球，双脚并拢，双手持球。

（2）练习时，左脚向前跨半步，同时直臂举球于头上，右腿提膝，小腿自然下垂，同时双臂持球下放呈前平举，右脚落地，还原呈开始姿势。

【推荐练习量】

左右为一次，完成6～8次为1组，每日进行2～3组。

【动作要点】

（1）双臂动作为直臂持球，依次完成头上举和前平举。

（2）提膝动作，支撑腿伸直，脚尖点地，提膝腿小腿自然下垂，膝盖尽量向腹部提，身体正直。

【进阶练习】

若想增加动作难度，可将提膝改成踢腿，或在完成提膝时，在脚踝上绑上合适重量的沙袋。

图9-3.3　初始位置

图9-3.4　踢腿平举

4. 斜向上挑下劈

图9-4.1　转体持球上举

图9-4.2　下蹲转体左下劈

【所需器械】

能量球。

【练习目的】

改善下肢、核心及肩带肌群肌力，改善上下肢协调性。

【练习步骤】

（1）练习者选择合适重量的能量球，双脚开立比肩稍宽，双臂自然下垂，双手持球。

（2）练习时，先向右侧转身，重心落于右脚上，同时双手持球做斜向上举，下蹲并左转身体，同时双手持球斜向下劈，连续完成右上挑和左下劈动作。然后换侧进行练习。

【推荐练习量】

左右各完成6～8次为1组，每日进行2～3组。

【健身贴士】

（1）下蹲转体时，双脚脚跟不能离地，身体充分扭紧。

（2）斜上挑时，异侧脚提踵，充分伸展身体。

5. X形上拉

图9-5.1　初始位置

图9-5.2　X形上拉

【所需器械】

弹力带。

【练习目的】

增强下肢及肩背肌群伸展力量，改善全身运动效率。

【练习步骤】

（1）练习者选择合适强度的弹力带，双脚比肩宽开立并踩住弹力带，屈膝半蹲，躯干前倾挺直，双手抓住交叉的弹力带。

（2）练习时，双腿蹬伸，同时躯干充分伸展，双肩斜上拉弹力带，然后缓慢还原成初始姿势。

【推荐练习量】

完成6～8次为1组，每日进行2～3组。

【健身贴士】

（1）下蹲时，躯干挺直，脊柱保持正常的生理弯曲，膝关节垂点不能超过脚尖。

（2）斜上拉时，从下至上爆发式发力，回放时要缓慢，并注意呼吸，上拉时呼气，回放时吸气。

6. V形下拉

图9–6.1　初始位置

图9–6.2　V形下拉

【所需器械】

弹力带。

【练习目的】

增强肩带屈肌群及下肢蹬伸肌群的肌力，改善全身运动效率。

【练习步骤】

（1）练习者选择合适强度的弹力带，双脚比肩宽开立，屈膝半蹲，双手抓住前上方固定的弹力带。

（2）练习时，练习者完成下蹲并V形下拉弹力带，即双臂向躯干后下方拉弹力带，然后缓慢还原成起始姿势。

【推荐练习量】

6～8次为1组，每日进行2～3组。

【健身贴士】

（1）弹力带前上固定，双手握住弹力带，且双手位置应高于肩水平。

（2）半蹲下拉时，尽量下蹲至大腿与地面平行，躯干平直，保持脊柱的正常生理弯曲，不能弓背塌腰，在肩关节柔韧允许的范围内尽量向后下拉弹力带。

7. 斜向上挑

图9-7.1　初始位置

图9-7.2　斜向上挑

【所需器械】

弹力带。

【练习目的】

增强全身斜上拉力量，改善全身运动效率。

【练习步骤】

（1）练习者选择合适强度的弹力带，双脚比肩宽开立，屈膝下蹲转体，双手抓住前下方固定的弹力带。

（2）练习时，练习者双腿蹬伸，躯干转体同时双手斜上拉弹力带，然后缓慢还原成初始动作，换侧进行练习。

【推荐练习量】

左右各6~8次为一组，每日进行2~3组。

【健身贴士】

（1）下蹲时，躯干挺直扭转，脊柱保持正常的生理弯曲，双手于躯干一侧握住弹力带。

（2）斜上拉时，从下至上爆发式发力，回放时要缓慢，并注意呼吸，上拉时呼气，回放时吸气。

【进阶练习】

若想增加难度和动作幅度，可单手进行。但要求在双手练习一段时间后，全身运动效率提高后，且肩关节肌群有足够的力量，才可进行进阶练习。

图9–7.3　初始位置

图9–7.4　单手斜向上挑

8. 斜向下劈

图9–8.1　初始位置

图9–8.2　斜向下劈

【所需器械】

弹力带。

【练习目的】

增强全身斜下拉力量，改善全身运动效率。

【练习步骤】

（1）练习者选择合适强度的弹力带，双脚比肩宽开立，身体充分伸展，双手抓住前上方固定的弹力带。

（2）练习时，练习者双腿下蹲，躯干转体同时双手斜下拉弹力带，然后缓慢还原成初始动作，换侧进行练习。

【推荐练习量】

左右各6~8次为一组，每日进行2~3组。

【健身贴士】

（1）下蹲时，躯干挺直扭转，脊柱保持正常的生理弯曲，双手将弹力带拉至躯干一侧。

（2）斜下拉时爆发式发力，回放时要缓慢，并注意呼吸，下拉时呼气，回放时吸气。

【进阶练习】

若想增加难度和动作幅度，可单手进行。但要求在双手练习一段时间后，全身运动效率提高后，且肩关节肌群有足够的力量，才可进行进阶练习。

图9–8.3　初始位置

图9–8.4　单手斜向下劈

9. 展体臂屈伸

图9-9.1　初始位置

图9-9.2　展体臂屈伸

【所需器械】

弹力带。

【练习目的】

增强髋关节伸肌群、背肌及上肢屈肌群的力量，改善全身运动效率。

【练习步骤】

（1）练习者选择合适强度的弹力带，双脚比肩宽开立，膝微屈，躯干前屈，双臂伸直，双手抓住前方固定的弹力带。

（2）练习时，练习者保持膝微屈，躯干向后上伸展，同时双臂充分屈曲，拉弹力带于躯干两侧，然后缓慢还原成初始姿势。

【推荐练习量】

8～12次为一组，每日进行2～3组。

【健身贴士】

（1）整个动作过程中，脊柱均保持正常的生理弯曲，且膝关节保持微屈状态。

（2）展体过程中，髋关节伸肌群、背肌及上肢屈肌群同时发力，还原时缓慢进行。

【进阶练习】

（1）若想增加难度和动作幅度，可单手、单腿进行。但要求在双手练习一段时间后，全身运动效率提高后，且髋关节伸肌群及上肢屈曲肌群有足够的力量，才可进行进阶练习。

（2）练习时，单腿支撑，支撑腿异侧手臂拉弹力带，躯干前屈时非支撑腿后伸，且与躯干呈一条直线。

图9-9.3　初始位置

图9-9.4　单臂展体臂屈伸

10. 弓步上举

图9-10.1　手持哑铃右腿前弓步

图9-10.2　蹬起上举哑铃

图9-10.3　手持哑铃右腿侧弓步

图9-10.4　蹬起上举哑铃

【所需器械】

哑铃。

【练习目的】

增强上肢、核心及下肢力量，改善上下肢的协调性。

【练习步骤】

（1）练习者选择合适重量的哑铃，双手持哑铃站立。

（2）练习时，练习者依次完成右腿前弓步蹬起上举哑铃、左腿前弓步蹬起上举哑铃、右腿侧弓步蹬起上举哑铃、左腿侧弓步蹬起上举哑铃。

【推荐练习量】

四个动作为一次，6～8次为一组，每日进行2～3组。

【健身贴士】

（1）前弓步时，双腿大小腿均呈90°，前腿膝盖垂点不能超过脚尖。

（2）躯干挺直，脊柱保持正常生理弯曲。

（3）下放时双臂自然下垂，上举时双臂应充分伸展。

11. 转体侧向移动

图9–11.1　初始位置

图9–11.2　转体侧向移动

【所需器械】

哑铃。

【练习目的】

增强下肢、核心及肩带肌群力量，尤其是转腰肌群的力量，改善全身运动的效率。

【练习步骤】

（1）练习者选择合适重量的哑铃，屈膝半蹲，双手屈臂持1个哑铃于胸前。

（2）练习时，练习者先向左侧滑步，同时持哑铃向右侧转体，右腿跟进时双手持哑铃向左侧转体，重复进行。

【推荐练习量】

向左侧滑8步，然后再向右滑8步为一组，每日进行2～3组。

【健身贴士】

（1）滑步时，保持下肢支撑的稳定性，双膝始终向前。

（2）转体时，躯干水平转动，同时带动双臂持哑铃水平转动。

【进阶练习】

若想增加难度，可由双臂屈臂持铃变成直臂持铃（肘微屈），但一定是在经过一段屈臂持铃转体练习后，肩带肌群具备一定力量基础上，再进行进阶练习。

12. 踏上摆臂

图9-12.1　初始位置

图9-12.2　踏上摆臂

【所需器械】

哑铃。

【练习目的】

增强下肢单腿蹬伸肌群和肩关节屈伸力量，改善上下肢协调性。

【练习步骤】

（1）练习者选择合适重量的哑铃，在身体前方摆放一个高30～45厘米的小凳或选择在一个高30～45厘米的台阶前进行练习。右脚踏在小凳上（台阶），双手屈臂持适当重量的哑铃，左臂在前右臂在后。

（2）充分蹬伸右腿，左腿屈膝积极向前上摆动，同时摆动双臂，动作结束时变为右臂在前左臂在后，然后缓慢还原成初始动作，重复以上练习10～15次。

（3）换腿进行，再重复以上练习10～15次。

【推荐练习量】

双腿练习各10～15次为一组，每日进行2～3组。

【健身贴士】

（1）练习时，核心肌群收紧，保持身体平衡。

（2）蹬伸时，支撑腿要充分蹬伸，最后应提踵。

（3）摆臂时，动作应与徒手时相同，前摆肘角小，后摆肘角增大。

13. 硬拉肩屈伸

图9-13.1　初始位置

图9-13.2　硬拉肩屈伸

【所需器械】

哑铃。

【练习目的】

增强髋关节伸肌群及肩带伸肌群的力量，改善全身运动的效率。

【练习步骤】

（1）练习者选择合适重量的哑铃，双腿开立，膝微屈，双臂自然下垂，双手手心向后持哑铃于体前。

（2）练习时，练习者躯干前屈，同时双臂进行肩伸展，动作结束时双臂应与躯干在一个平面，并且这一平面应尽量与地面平行，然后缓慢还原成初始动作。

【推荐练习量】

重复进行，完成6~8次，每日进行2~3组。

【健身贴士】

（1）动作过程中下肢膝关节角度尽量保持不变，躯干挺直。

（2）哑铃重量不应太重，应以相对轻松完成动作为准。

【进阶练习】

（1）若想增加难度，可由双腿、双手变成单腿、单手进行。但要求在双手练习一段时间后，全身运动效率提高后，且髋关节伸肌群及肩带伸肌群有足够的力量，才可进行进阶练习。

（2）练习时，单腿支撑，支撑腿异侧手持哑铃，躯干前屈时非支撑腿后伸，且与躯干呈一条直线。

14. 下蹲拉起

图9–14.1　下蹲

图9–14.2　夹臂拉起

【所需器械】

悬吊带。

【练习目的】

增强上肢屈肌群、下肢蹬伸肌群和躯干伸肌群的力量，改善全身运动效率。

【练习步骤】

（1）练习者面对悬吊带站立，双手抓住悬吊带把手，直臂拉紧悬吊带，双腿开立。

（2）练习时，练习者后下蹲，依靠双手拉紧悬吊带保持平衡，然后双腿发力完成蹲起，同时双臂发力完成夹肘屈臂拉伸动作，结束动作为身体倾斜站立，依靠双手拉紧悬吊带保持平衡；缓慢还原成直臂拉紧悬吊带下蹲动作。

【推荐练习量】

连续完成下蹲夹臂拉起动作，每组8～12次，每日进行2～3组。

【健身贴士】

（1）下蹲时，练习肌群做离心收缩，要缓慢完成。

（2）蹲起时，下肢肌群、躯干肌群和上肢肌群协调发力完成夹臂拉起动作。

【进阶练习】

若想增加难度，可由夹臂拉起动作进阶至平臂拉起动作，再进阶至展臂拉起动作；下肢动作相同，平臂拉起动作上肢拉起时上臂与肩平，展臂拉起时上肢完成直臂扩胸动作。

图9-14.3　初始位置

图9-14.4　平臂拉起

15. 弓步夹胸

图9–15.1　初始位置

图9–15.2　弓步夹胸

【所需器械】

悬吊带。

【练习目的】

增强上肢肌群、下肢蹬伸肌群和躯干伸肌群的力量，改善全身运动效率。

【练习步骤】

（1）练习者背对悬吊带站立，双手胸前抓住悬吊带把手并拉紧悬吊带，身体前倾并保持平衡。

（2）练习时，练习者完成前弓步，同时拉紧悬吊带完成直臂扩胸动作，然后弓步腿蹬地发力，同时双臂完成夹胸动作，还原成准备姿势。

【推荐练习量】

双腿交替完成前弓步蹬起动作，每组8～12次，每日进行2～3组。

【健身贴士】

（1）弓步下蹲时，练习肌群进行离心收缩，要缓慢进行，弓步腿膝盖垂点不能超过脚尖。

（2）蹬起时，弓步腿与双臂协调发力完成蹬起夹胸动作。

16. 弓步压肩

图9-16.1　初始位置

图9-16.2　弓步压肩

【所需器械】

悬吊带。

【练习目的】

增强上肢肌群、下肢蹬伸肌群和躯干伸肌群的力量，改善全身运动效率。

【练习步骤】

（1）练习者背对悬吊带站立，双手胸前抓住悬吊带把手并拉紧悬吊带，身体前倾并保持平衡。

（2）练习时，练习者完成前弓步，同时拉紧悬吊带完成直臂上举动作，然后弓步腿蹬地发力，同时双臂主动完成压肩动作，还原成准备姿势。

【推荐练习量】

双腿交替完成前弓步蹬起动作，每组8～12次，每日进行2～3组。

【健身贴士】

（1）弓步下蹲时，练习肌群进行离心收缩，要缓慢进行，弓步腿膝盖垂点不能超过脚尖。

（2）蹬起时，弓步腿与双臂协调发力完成蹬起压肩动作。

17. 歇步单腿撑

图9-17.1　初始位置

图9-17.2　歇步单腿撑

【所需器械】

悬吊带。

【练习目的】

增强上肢肌群及下肢蹬伸及外展肌群力量，改善全身运动效率。

【练习步骤】

（1）练习者面对悬吊带站立，双手抓住悬吊带把手，直臂拉紧悬吊带，双腿并拢站立。

（2）练习时，练习者右腿单腿下蹲同时左腿向右后尽量伸展但脚不可点地，缓慢还原成初始动作。然后换腿进行练习。

【推荐练习量】

每侧腿完成6～8次为1组，每日进行2～3组。

【健身贴士】

（1）单腿下蹲时，膝盖垂点不要超过脚尖，双臂拉紧弹力带保持平衡。

（2）非支撑腿尽量向支撑腿的后侧方伸展，脚不能点地。

18. 立卧撑

图9-18.1　初始位置

图9-18.2　下蹲撑地

图9-18.3　立卧撑

【所需器械】

无。

【练习目的】

增强上肢推撑肌群、收腹肌群及下肢蹬伸肌群的力量，改善全身运动效率。

【练习步骤】

（1）练习者双腿并拢站立，双臂自然下垂，目视前方。

（2）练习时，练习者主动下蹲，下蹲至最低点时双手撑地，然后重心移向双手，同时双脚蹬地，双腿向后充分伸展，使身体呈俯卧撑姿势。

（3）双脚蹬地，双腿积极屈腿前摆，双脚落地后，双手推地使重心移向双脚，双腿发力站立，还原成初始动作。

【推荐练习量】

连续进行6～8次练习为1组，每日进行2～3组。

【健身贴士】

（1）练习时，一定先完成下蹲，下蹲至最低点再用双手撑地，避免高冲击力造成手腕损伤。

（2）双臂撑地时，保持肘微屈，双腿并腿后伸。

（3）收腿时，腹肌及屈髋肌群充分发力，使膝盖尽量靠近胸腹。

【进阶练习】

若想增加难度，可进行进阶练习，将直臂立卧撑改成屈臂立卧撑，即在双腿后伸撑地后，完成一次俯卧撑，然后推起收腿站立。

第十章

不知道从哪里开始？就是这里

导 语

看了前面的内容，是不是很想马上开始自己的功能性健身方法计划？本章将向你介绍如何开始练习，练习前、中、后需要注意哪些问题，如何为自己制定一份安全有效的练习计划。

第一节　你应该知道的秘密

制定一份适合自己的锻炼方案，对于新手来说不是那么容易，但是只要遵循下面几点，你就可以开始照着自己的锻炼计划来练习啦！

首先，我们来解决几个问题：

一、什么是适合我的

通过对本书前面章节的阅读，相信你已经知道自己需要做什么了吧，那么就从你最急需改变的那一项开始吧。总的原则就是，先解决功能受限制的问题，比如有身体姿态不正确的问题和下背部疼痛问题，那就要首先解决这些问题，再考虑全面开始进行功能性健身。

二、如果从未有过运动经历

对于从未有过运动经历的人来说，最安全的开始就是从徒手、简单、单一的动作开始，逐渐过渡到使用器械、复杂的组合动作。

三、解决什么问题

也就是确定目标喽。也许你想要实现很多的目标，减重、增强体能、更结实、跑得更快……事实上，明确的目标可以让你获得更显著的效果。功能性健身方法的目标在于提高人体各肌群之间的整合能力，相对于传统力量练习，功能性健身方法对于提高人们的日常生活质量更有帮助。选定一个目标，至少实施6～8周的练习，在这个过程中，适当调整计划以适应你的进度，可以让你更容易看到效果。从身体最薄弱的环节入手吧，这也许是个好主意。

四、投入多少时间

这是一个非常重要的问题。每天或每周用于运动的时间，将决定你的计划是什么样的。本书中部分章节内容在日常生活和工作间隙就可以进行，10分钟、甚至5分钟都可以，适合于没有完整时间进行运动的人，比如解决身体僵硬、纠正身体姿态、改善颈部、肩部、背部、膝部状况的练习和简单的力量练习。

五、需要注意什么

（1）咨询医生：如果你有过受伤的经历，或是身体状况不佳，请先询问医生的意见。

（2）穿着舒适：运动时要穿着伸展身体时不受限制的衣服，有一定弹性和透气性。

（3）空间适宜：至少有一个可以双臂展开不受限制的空间，避免磕碰。

（4）运动器材：如果有条件可以准备一些前面章节介绍的器材；没有的话，可以用家中随手可得的用品替代。

（5）确定运动强度：开始一项新的练习时，一定要循序渐进，从最简单的动作开始尝试，用最少的组次，当你的身体找到感觉以后，再逐渐增加难度和强度，避免运动伤害的发生。功能性健身方法更加注重动作质量而不是数量，因此做好每个动作比做得多更重要。

（6）确定运动时间：无论如何，哪怕是10分钟，也还是要确定下来，你准备在什么时候进行练习，形成习惯，才利于坚持。持续练习时间的长短，可以根据自己的情况来调整，一般是30～90分钟。有些练习可以每天进行，而有一定强度的练习需要等身体恢复了才进行下一次练习，记住给身体留下休息的时间哦。

（7）记录运动感受：记录下练习过程中的问题和身体感觉，不是必需的，但是会对你制定计划提供帮助。

（8）调整练习计划：根据身体感受，适当调整锻炼计划，如改变动作、降低难度、增加难度，都要看你的身体告诉你什么。

第二节　功能性健身方法的计划

在这里，我们将计划分为三个部分，你可以根据自己的情况，选择其中的某一个或某几个部分进行练习。

第一部分　生活中每天都可以随时进行的练习

一、正确体姿的练习

每天用5～10分钟，练习正确的站姿、坐姿和走姿，体验正确姿势的感觉，让身体逐渐适应正确的姿势，渐渐融入到日常生活中去。

二、缓解肌肉僵硬、改善各个部位疼痛的练习

在工作或日常生活间隙时间，做简单的练习。参考本书第二章至第七章，可以站立和坐姿进行的徒手动作，针对感到紧张和疼痛部位选择1～3个动作练习。

第二部分　每周进行2～3次的专门性练习

一般来讲，一个完整的功能性健身计划至少要包括：

一、热身

5～10分钟。用原地的摆臂、踏步来加快心跳和提高体温；轻缓的伸展肢体和关节活动激活肌肉和关节。

二、功能性健身

根据你的目标，选择功能性健身动作。
解决各个部位疼痛选择第二章至第七章中的动作，进行组合。
提高身体力量和运动能力，选择第八章和第九章的动作，进行组合。
选择动作时，注重全面性，针对一个部位动作不要超过2个。

运动强度：动作标准，保证质量即可。

练习量：根据前面章节建议的练习量设计。

（1）伸展练习。

（2）5～10分钟。在每次功能性健身完成后进行，可以参考第二章内容。

（3）放松：5～10分钟。运动后练习，主要是调整呼吸，坐下或躺下放松全身。

第三部分　不同人群的计划模板

一、久坐人群每天30分钟计划

本计划是根据久坐人群不良坐姿制定的，主要是通过功能性健身方法的方法来解决或预防常见颈、肩、背部问题，从而缓解久坐带来的不适。

每次10分钟，每天的上午、中午、下午各练习1次，共30分钟。

1. 练习正确坐姿（2分钟）

参考本书第三章图3–8。

2. 颈部练习（2分钟）

挑选2个动作。

（1）颈部前侧肌肉拉伸。（图2–颈部1.1）

（2）颈部后侧（单侧）肌肉拉伸1。（图2–颈部2.1）

（3）颈部后侧肌肉拉伸2。（图2–颈部3.1）

（4）颈部两侧肌肉拉伸。（图2–颈部4.1）

3. 上肢和肩部练习（3分钟）

挑选2～4个动作。

（1）上臂后部肌肉拉伸。（图2–上肢1.1）

（2）胸前横臂拉伸。（图2–上肢2.1）

（3）前臂拉伸1。（图2–上肢3.1）

（4）前臂拉伸2。（图2–上肢4.1）

（5）直臂耸肩。（图4–2.1.1，图4–2.1.2）
（6）直臂左右耸肩。（图4–2.2.1，图4–2.2.2）
（7）直臂后伸。（图4–2.3.1）

4. 背部练习（3分钟）

挑选2～3个动作。
（1）站姿背拉伸。（图5–1）
（2）站姿绕臀。（图5–2.1、图5–2.2）
（3）站姿抱膝。（图5–3.1、图5–3.2）
（4）半蹲分腿拉伸。（图5–4）
（5）跪姿脊柱屈伸。（图5–5.1，图5–5.2）

二、体力劳动者每天30分钟计划

体力劳动者由于工作中动作过于单一，造成肌肉的严重不平衡，主要通过纠正性的功能性健身方法消除或预防工作带来的不平衡，并通过功能性健身方法来提高日常生活活动的能力和工作的效率。每次10分钟，每天的上午、中午、下午各练习1次，共30分钟。

1. 热身（1分钟）

原地高抬腿踏步。

2. 背部练习（3分钟）

挑选2个动作。
（1）站姿背拉伸。（图5–1）
（2）站姿绕臀。（图5–2.1、图5–2.2）
（3）站姿抱膝。（图5–3.1、图5–3.2）
（4）半蹲分腿拉伸。（图5–4）

3. 核心力量练习（4分钟）

选择2～3个动作。
（1）基本背伸展。（图3–12.1）

（2）游泳式。（图3–14.1）
（3）桥式。（图3–15.1）
（4）坐椅式半蹲。（图3–16.1，图3–16.2，图3–16.3）
（5）前臂支撑式。（图3–21.1）
（6）屈膝卷腹。（图8–5.1，图8–5.2）

4. 伸展（2分钟）

（1）胸肌伸展。（图3–11.1）
（2）腹背肌肉拉伸。（图2–躯干3.1）
（3）大腿前侧肌肉拉伸。（图2–下肢4.1）

三、老年人30分钟计划

老年人肌肉力量逐渐下降，神经系统功能减弱，本体感觉功能也会发生退化。功能性健身方法主要针对改善身体整体的力量，帮助老年人保持肌肉工作的能力。

1. 热身（5分钟）

（1）练习正确站姿、走姿。（图3–8，图3–9）
（2）站姿背拉伸。（图5–1）
（3）站姿绕臂。（图5–2.1、图5–2.2）

2. 上肢和肩部练习（10分钟）

挑选3～5个动作。
（1）直臂耸肩。（图4–2.1.1，图4–2.1.2）
（2）直臂左右耸肩。（图4–2.2.1，图4–2.2.2）
（3）直臂后伸。（图4–2.3.1）
（4）斜上举练习。（图6–2.4.1，图6–2.4.2）
（5）直臂侧举。（图6–2.5.1，图6–2.5.2)
（6）直臂前平举。（图6–2.6.1，图6–2.6.2）
（7）直臂后伸。（图6–2.7.1）
（8）侧平举振臂。（图6–2.12.1，图6–2.12.2）

（9）哑铃肩上举。（图8–3.1，图8–3.2）
（10）直臂上举。（图6–2.10.1，图6–2.10.1）

3. 下肢和腹背部练习（10分钟）

挑选3～5个动作。
（1）站姿背拉伸。（图5–1）
（2）跪姿脊柱屈伸。（图5–5.1，图5–5.2，图5–5.3）
（3）仰卧抬肩。（图5–6）
（4）直体半蹲。（图7–2.1.1，图7–2.1.2）
（5）弓步半蹲。（图7–2.2.1，图7–2.2.2）
（6）侧弓步半蹲。（图7–2.3.1，图7–2.3.2）
（7）半蹲侧滑步练习。（图7–2.7.1，图7–2.7.2，图7–2.7.3，图7–2.7.4）
（8）坐姿前伸膝。（图7–2.8.1，图7–2.8.2）
（9）站姿后屈腿。（图7–2.9.1，图7–2.9.2）

4. 放松伸展（5分钟）

（1）胸肌伸展。（图3–11.1）
（2）仰卧腹背肌肉拉伸。（图2–躯干3.1，用仰卧的姿势）
（3）坐位体前屈。（图2–下肢5.1，图2–下肢5.2）
（4）大腿前侧肌肉拉伸。（图2–下肢4.1）
（5）放松：站或卧，用缓而深的吸气和呼气调整呼吸。

四、狂热运动爱好者30分钟计划

本计划针对健身爱好者，通过功能练习预防或减轻损伤的发生，提高运动表现。

1. 热身（5分钟）

你是运动爱好者，用你喜欢的方式热身吧！

2. 功能性健身（20分钟）

●增强核心力量，纠正身体偏差，肩、腹、背、髋各选择1～2个动作，穿插练习，每个动作完成后间隔1分钟。（觉得简单的话，可以用进阶动作）

（1）俯卧撑。（图8–1.1）

（2）哑铃肩屈伸。（图8–2.1，图8–2.2）

（3）俯姿肩部复合运动。（图8–4.1，图8–4.2，图8–4.3，图8–4.4）

（4）屈膝卷腹。（图8–5.1，图8–5.2）

（5）仰卧转髋。（图8–6.1，图8–6.2）

（6）仰卧伸腿。（图8–7.1，图8–7.2）

（7）俯卧健身球对侧伸展。（图8–8.1，图8–8.2）

（8）能量球坐姿转体。（图8–9.1,图8–9.6）

（9）俯卧挺身。（图8–11.1，图8–11.2）

（10）髋部力量组合。（图8–14.1，图8–14.2，图8–14.3，图8–14.4）

（11）半蹲前后移。（图8–16.1，图8–16.2）

（12）半蹲左右移。（图8–17.1，图8–17.2）

●增强运动协调性，改善运动表现，选择2个动作。

（1）蹲起上举。（图9–1.1，图9–1.2，图9–1.3）

（2）弓步转体。（图9–2.1，图9–2.2，图9–2.3）

（3）臂腿相向运动。（图9–3.1，图9–3.2）

（4）斜向上挑下劈。（图9–4.1，图9–4.2 ）

（5）立卧撑。（图9–18.1，图9–18.2，图9–18.3）

3. 伸展与放松（5分钟）

用你喜欢的方式放松吧，记住要做伸展哦！

主要参考文献

[1] Juan Carlos Santana. The Essence of Program Design [M]. 2004:25.

[2] Gray C. Functional training for the torso [J]. NSCA Journal, 1997, (4):14–19.

[3] Boyle M. (2003) Functional Training for Sports [M]. Champaign IL: Human Kinetics.

[4] Gambetta V., Gray G. (1995) Following a functional path [J]. Training & Conditioning 5(2): 25–30.

[5] Gambetta V., Clark M. (1998) A formula for function [J]. Training & Conditioning 8(4): 24–29.

[6] Gambetta V. (1999) Force and function [J]. Training & Conditioning 9(5): 36–40.

[7] Boyle M. Functional training f or sports [M]. Human kinetics, 2004.

[8] Juan Carlos Santana. (2000) Functional Training [M]. Boca Raton FL: Optimum Performance Systems.

[9] Steven Plisk. Functional Training [M]. NSCA Hot Topic Series.

[10] Functional video Digest series, Gray, G., available at www.functionaldesignsystems.com

[11] Vern Gambetta. Athletic Development [M].2004:25.

[12] K. Hakkinen and P.V. Komi, Scandinanvian Journal of Sports Science [M]. Munksgaard International Publishers, Ltd. Copenhagen, Denmark.1985, 7(2): 55–76.

[13] Spennewyn,K. 2008. Journal of Strength and Conditioning Research [J], January, Volume 22, Number 1

[14] Vern G, Grey G. Following the functional path [EB/OB]. www.gambetta.com.

[15] Gary Cook.(1997)functional training for the torso [J] ,Strength and onditioning :19.

[16] Higashihara A, Ono T, Kubota J, et al. Functional differences in the activity of the hamstring muscles with increasing running speed [J] . J Sports Sci, 2010, 28(10):1085–92.

[17] Steven Plisk. The lumbodorsal fascia in low back disorders: evidence based prevention and rehabilitation [M] . Champaign (IL) :Human Kinetics，2002: 79 – 80.

[18] Boyle M. (2003) Advance in Functional Training [M] . Champaign IL: Human Kinetics.

[19] James C .Radcliffe(2007) Functional Training for Athletes at all levels :2–3.

[20] Mark Verstegen , Pete Williams. Core Performance [M] . Rodale Books. 2005 (4) .

[21] Mark Verstegen , Pete Williams. Core Performance Essentials [M] . Rodale Books. 2006 (12) .

[22] Mark Verstegen , Pete Williams. Core Performance Endurance [M] . Rodale Books; First Edition, 2008 (12) .

[23] Mark Verstegen , Pete Williams. Core Performance Golf [M] . Rodale Books, 2009 (12) .

[24] Mark Verstegen , Pete Williams. Core Performance Women [M] . Avery, 2009 (12) .

[25] Gray Cook. Athletic body in balance.Human Kinetics [M] ,2003

[26] Spennewyn.K.(2008)Journal of Research [J] , January, Volume22 , Number1.

[27] Gray Cook., Burton, L., & Hogenboom, B. (2006). The use of fundamental movements as an assessment of function [J] – Part 1. North American Journal of Sports Physical Therapy, 1(2).